湖南工商大学学术专著出版资助

上市公司

生态效率的影响因素
及其经济后果研究

张　旻　◇　著

中国财经出版传媒集团

经济科学出版社
Economic Science Press

图书在版编目（CIP）数据

上市公司生态效率的影响因素及其经济后果研究/张
旻著. —北京：经济科学出版社，2019. 9
　ISBN 978 - 7 - 5218 - 1008 - 0

　Ⅰ.①上…　Ⅱ.①张…　Ⅲ.①上市公司-研究-中国
Ⅳ.①F279. 246

中国版本图书馆 CIP 数据核字（2019）第 221436 号

责任编辑：顾瑞兰
责任校对：王肖楠
责任印制：邱　天

上市公司生态效率的影响因素及其经济后果研究
张　旻　著
经济科学出版社出版、发行　新华书店经销
社址：北京市海淀区阜成路甲 28 号　邮编：100142
总编部电话：010 - 88191217　发行部电话：010 - 88191522
网址：www. esp. com. cn
电子邮件：esp_bj@ 163. com
天猫网店：经济科学出版社旗舰店
网址：http://jjkxcbs. tmall. com
固安华明印业有限公司印装
880 × 1230　32 开　7. 5 印张　200 000 字
2019 年 10 月第 1 版　2019 年 10 月第 1 次印刷
ISBN 978 - 7 - 5218 - 1008 - 0　定价：49. 00 元
（图书出现印装问题，本社负责调换。电话：010 - 88191510）
（版权所有　侵权必究　打击盗版　举报热线：010 - 88191661
QQ：2242791300　营销中心电话：010 - 88191537
电子邮箱：dbts@esp. com. cn）

前　　言

　　继"生态文明建设"写入党的十八大报告后，"绿水青山就是金山银山"的发展理念在党的十九大的报告中被细化为多方面的具体部署。党的十九大报告中明确提出构建政府、企业及公众共同治理的环境体系，这预示着我国将开启从工业文明向生态文明转型的新时代。目前，保护生态环境已是世界共识，但面临的问题的是，实践中缺少将生态环保理念与实践进行衔接的指引性指标和标准。因此，本书立足于企业生态效率和会计的视角，构建企业生态效率测度体系，并探讨其影响因素和经济后果，以期引导企业转变价值创造方式，走可持续发展之路。企业生态效率反映企业财务绩效与环境表现的互动关系，是一种可持续发展战略，合理恰当地测度企业的生态效率，能够完善企业的会计信息系统，降低市场信息不对称程度，迎合国家政策的导向并带来有益的经济结果。

　　为了建立企业生态效率的测度体系及进一步检验其影响因素与经济后果，本书以生态经济学理论、利益相关者理论、信息不对称理论、委托代理理论和会计相关理论为理论基础，在总结中国企业环境信息披露的制度变迁、现状及内容的基础上，构建了企业生态效率的测度体系。该体系从企业生态保护意识、生态效率管理过程、信息披露载体及合法性四个维度考察企业的生态效率，并在各维度下选取恰当的测度指标，通过内容分析方法，制定合适的赋值标准，测度企业的生态效率值。这样一来，跳出了企业生态效率研究欠缺大样本数据的困境，有助于更深入地探讨企业生态效率的"前因后果"。

本书基于2013～2015年重污染行业上市公司的生态效率测度值，考察了企业生态效率的"前因"，即企业生态效率的影响因素。实证检验发现，企业生态效率受外部政府监管压力影响较大，外部政府监督压力与企业生态效率具有显著正相关性。当企业注册地所处的省份政府监管压力大时，企业的生态效率更高，说明制度上的压力能够促进企业生态效率的改善。同时，内部因素如公司特征、公司治理也会影响企业生态效率，即公司规模越大、公司越成熟，企业的生态效率越高；公司治理越好（董事会规模越大），企业生态效率越高；反之，公司治理越差（董事长、总经理二职合一），企业的生态效率越低。接下来，立足于企业与债权人的关系视角，本书考察了企业生态效率与债务成本的关系。实证检验发现，重污染行业上市公司中，企业生态效率高的公司，其债务成本显著更低。同时，在非国有企业、会计信息质量低的企业、公司治理较差的企业、公司注册地位于市场化水平较低地区的企业，其生态效率越高，越能带来债务成本的降低。立足于企业与中介机构的关系视角，本书考察了企业生态效率与审计费用的关系。实证检验发现，重污染行业上市公司中，企业生态效率高的公司，其审计费用显著更低。同时，当聘请的会计师事务所是国际"四大"会计师事务所、上市公司上年度年报的审计意见类型是"标准无保留意见"、上市公司产权性质是国有产权及公司注册地位于市场化水平较高的地区时，其企业生态效率与审计费用的负相关关系将被削弱。立足于企业与政府关系的视角，本书考察了企业生态效率与所得税实际税负的关系。实证检验发现，重污染行业上市公司中，企业生态效率高的公司，其所得税实际税负更低。同时，公司产权性质、上市公司注册地所在地区的市场化水平会对企业生态效率与所得税实际税负的负相关关系起到调节作用。国有企业的生态效率高，更易获得政府的税收优惠政策的倾斜，所得税实际税负更显著降低。公司注册地位于市场化水平欠佳的地区，政府更可能通过税收优惠吸引，来鼓励上市公司承担其生态责任。此外，本书进一步研究发现，企业生态效率的不同维度会对债务成本、审计费用和所得税实际税负产生不同的影响，债权人更多关注企业生态保护意识和生态效率管理过程，注册会计师更多依赖企业生态效率信息的披露载体，而政府则重视企业生态效率四个维度的全面表现。

总之，企业改善其生态效率，既符合国家宏观政策导向，同时又能够为企业带来切实的经济利益。因此，企业需要这种远见，积极提高企业的生态效率，建立可持续性的财务与环境互动的管理体系，促进企业长久持续性的发展。

张旻

2019 年 7 月

目　　录

第1章

绪　论

1.1　研究缘起与约定

1.1.1　研究缘起

党的十六大以来，国家政策注重提高资源效率、改善环境。党的十七大报告将"建设生态文明"作为全面建设小康社会的新要求，明确提出要有效控制主要污染物的排放，改善生态环境质量，树立生态文明观念。党的十八大报告指出建设生态文明是关系人民福祉、关乎民族未来的长远大计。党的十九大报告提出人与自然是生命共同体，人类必须尊重自然、顺应自然、保护自然。我们要建设的现代化是人与自然和谐共生的现代化，既要创造更多物质财富和精神财富以满足人民日益增长的美好生活需要，也要提供更多优质生态产品以满足人民日益增长的优美生态环境需要。党和政府已经把"生态文明建设"纳入国家发展总体布局中，把解决环境问题提升到国家战略层面。改革开放 40 多年来，我国经济取得举世瞩目的成就，中国已经成为全球第二大经济体，但是高速度的经济增长也带来了自然资源的过度开采。近年来，自然灾害频繁发生，环境污染严重，尤其全国大范围雾霾、北方沙尘暴天气更是直接影响到人民的日常生活。过去单一追求经济效益的粗放型发展方式不利于人与自然和谐相处，以消耗自然资源换取经济利益的发展方式亟需转变为追求经济、环境和社会的可持续发展方式。

企业是微观经济活动的主体和社会经济系统的细胞，在生产经营管理过程中不可避免地需要考虑环境因素的影响，进而对其经营战略做出相应的调整。企业承担的受托责任既包括经济责任，也包括环境责任。企业管理者面临提高经济业绩压力的同时，也面临着改善环境的压力。2015 年 1 月 1 日开始施行的新版《中华人民共和国环境保护法》被称为"史上最严的环保法"，其中涉及企业环境义务的规定多达 24 条。未来即使经济效益不错的企业，也可能会因环保不达标而被淘汰出局。同时，国家生态环境部发布通知，鼓励上市公司及时准确地公开环境信息，定期发布环境报告，将履行环境责任落实到实处。目前，我国企业已在环境会计信息披露方面进行了一定程度的实践，许多公司会发布独立的社会责任报告或环境报告。2016 年底，国务院正式印发了《"十三五"生态环境保护规划》，明确提出要建立企业环保信息强制性披露机制，对未尽披露义务的上市公司依法予以处罚。在政府和企业共同致力开展生态文明建设时，我们不禁想问，会计作为企业的重要信息系统，承担着降低信息不对称的责任，如何才能更有效地提供财务绩效与环境表现相结合的综合信息呢？而这些财务与环境的综合信息背后又隐藏着哪些经济规律呢？因此，本书选择从企业生态效率视角入手，探讨企业生态效率高低背后的影响因素及可能带来的经济后果，以便更深入、系统地认识企业的经济、环境行为及其相互影响的机理，这是本书的研究缘起。

1.1.2　研究意义

会计的本质是一个信息系统，会计的职责是核算企业各项经营活动并将之对外报告，以保护投资者、债权人及其他利益相关者的权益。会计信息使用者借助企业公开披露的报告，能够及时掌握企业的经营动态，进而作出正确决策，保护自己的权益。因此，本书着力于完善会计信息系统，从企业生态效率入手，建立恰当的测度体系，检验企业生态效率的影响因素及其经济后果，以期降低市场信息不对称程度，具有一定的理论意义和实践意义。

理论方面，本书将建立恰当的企业生态效率测度体系，多维度地评价企业财务绩效与环境表现的互动关系，并实证检验企业生态效率的影响因素和可能带来的经济后果。这有助于拓宽环境会计研究的视野，丰富环境会计研究的内容，探索环境会计的价值。

实践方面，随着环境风险的持续提高，企业注重自身生态效率的改善，有助于提高企业信息透明度，为企业带来良好的声誉，帮助企业获得竞争优势；有助于降低市场信息不对称程度，提高市场资源配置效率；有助于为利益相关者决策提供更有效的信息。

1.1.3　研究的基本约定

研究范围的约定。尽管国家、区域等宏观层面均涉及生态效率的内容，但本书所提的生态效率主要是针对微观企业而言的，而且是环保部规定的重污染行业的上市公司。之所以选择重污染行业，主要是考虑到该范围内的企业与生态环境密切相关，是监控的重点，面对的环保风险较之其他企业更大。具体地说，重污染行业是指对环境污染严重的工业部门，包括废水、废气、废渣、噪声等污染。根据 2010 年 9 月 14 日环保部公布的《上市公司环境信息披露指南》（征求意见稿）规定，火电、钢铁、水泥、电解铝、煤炭、冶金、化工、石化、建材、造纸、酿造、制药、发酵、纺织、制革和采矿业 16 类行业为重污染行业。之所以选择上市公司，是便于获得该行业上市公司的财务数据与环境数据。因此，为了集中有限的时间与精力，得出更有针对性的研究建议与成果，本书具体的研究范围是重污染行业的上市公司的企业生态效率。

研究前提的约定。在现代企业理论中存在着资源稀缺性假设，只有在存在资源稀缺性假设条件下，研究经济与环境资源的和谐、可持续发展才有意义，环境会计信息披露相关的理论与方法才有价值，才有存在的可能。因此，本书研究是建立在资源稀缺性假设前提之下的。

研究术语的约定。本书所提到的"生态效率"在英文文献中常表述为"eco – efficiency""ecological efficiency"等，在中文文献中常见的翻译有"生态效率""生态经济效率""经济环境效率"等词，本书为保持研究的严谨性和一致性，在文献梳理和写作过程中，统一约定将英文文献中的"eco – efficiency"和"ecological efficiency"翻译为生态效率。

1.2 文 献 综 述

1.2.1 企业生态效率的概念发展

追溯生态效率的思想起源，要回到 20 世纪 70 年代，当时的加拿大国家研究委员会（National Research Council Canada，NRC）将生态理念引入经济系统中。随后到了 80 年代，世界自然保护联盟（International Union for Conservation of Nature，IUCN）重申了生态理念。直到 1990 年，肖特嘉和施图恩（Schaltegger & Sturm，1990）

首次提出生态效率的概念。1992 年，世界可持续发展商业理事会（World Business Council for Sustainable Development，WBCSD）将生态效率正式定义为生态效率是通过提供能够满足人类需要和提高生活质量的有竞争性优势的产品和服务，并将生态影响与资源强度保持在至少与地球的估计承载能力一致的水平上（Elkington J.，1994）。除此以外，世界经济合作与发展组织（Organisation for Economic Co-operation and Development，OECD）认为，生态效率是在资源的投入和产品服务价值之间寻求最佳匹配以满足人类社会的需要（OECD，2008）。欧洲环境署（European Environment Agency，EEA）认为，生态效率是用尽可能少的资源，产出尽可能多的财富，并将其分解为生态强度和资源生产率。国际金融组织（International Finance Corporation，IFC）提出，生态效率是指通过更有效的生产方式提高资源的可持续性。

具体到企业生态效率层面，联合国贸易与发展会议（United Nations Conference on Trade and Development，UNCTAD）提到，企业生态效率应是促进企业股东财富的保值和增值，同时对自然环境的负面影响最小化。布里特和肖特嘉（Burritt & Schaltegger，2010）认为，企业生态效率是追求在一定输入的条件下产出更高，或者在一定产出的条件下输入更低。肖特嘉和菲格（Schaltegger & Figge，2000）认为，企业生态效率是利用生态资源满足既定的经济目标。兰伯顿（Lamberton，2005）将企业生态效率定义为，企业生态效率是企业在利润与环境保护之间取得平衡，将财务业绩与环境业绩相互连接，并实现可持续发展的战略。企业生态效率追求的是经济与环境效应的综合最优，是权衡考虑经济与环境的综合结果（Hahn et al.，2010；Figge & Hahn，2012）。生产企业需要考虑生产活动所处的生态环境，企业生态效率是企业实物、资本、生产力、信息传递等因素的综合利用效率（Sun L. et al.，2017），其反映了企业经济成果与环境代价的关系（Yao L. X. & Liao L. P.，2015）。企业生态效率是通过管理和技术手段，既注重生产要素能够有增量的产出，又同时兼顾生产要素资源的节约（Tcvetkov P. & Strizhenok A.，2016）。潘和李（Pan Y. & Li H.，2016）定义企业生态效率是一种在降低环境污染、能源耗费时，提供更好的产品和服务的战略。

显然，企业生态效率尚无统一的定义。我们认为，企业生态效率的目标是帮助企业可持续性发展，鼓励企业追求经济绩效的同时，做好环境保护措施（Orsato，2006），是可持续发展的助推手（Paul R. Kleindorfer et al，2005），在管理和衡量环境绩效中发挥着重要作用。企业生态效率追求在一定输入的条件下产出更高，或者在一定产出的条件下输入更低（Schaltegger & Burrut，2000）。从本质上说，它是一种管理战略。

现有文献对生态效率有不同层面的研究，大多数研究集中在宏观层面，针对行业、区域乃至国家层面的生态效率研究比较多。在微观层面，尤其是企业层面生态效率研究则较少，主要集中在企业生态效率测度方法的讨论上，少数研究涉及企业生态效率的影响因素及后果等内容，因此，接下来本书拟从上述这几方面入手进行文献梳理。

1.2.2　企业生态效率的测度

企业生态效率测度是促进环境绩效改善的基础（Alrazi et al.，2015）。目前，企业生态效率的测度主要从单维度和多维度视角入手，采用价值—影响比值法、数据包络分析法、内容分析法及其他方法进行测度。

价值—影响比值法（value – impact ratio，VIR）。该方法一般的评价公式是基于经济和环境的比值，通常是预期的产品或服务的价值与相关环境影响之间的比值，即生态效率＝产品或服务的价值/环境影响。布里特和肖特嘉（2010）从动态角度分析，认为生态效率评价应在经济与环境的增加值之间进行，这样才能更好地使利益相关者了解企业在生态领域所做的努力，即生态效率＝产品或服务的增加值/环境影响的增加值。具体到企业生态效率而言，刘运国和陈国菲（2007）、林和谭（Lin B. & Tan R.，2016）、李和林（Li J. & Lin B.，2017）和陆桂贤（2012）等将销售增长、市场份额等成长性指标、经营活动现金净流量及经济附加值等营利性指标，作为评价企业生态效率公式中的分子。分母指标的选择则与各自企业的特点有关，如阿戈斯托和里贝罗（D. Agosto M. & Ribeiro S. K.，2004）、宋等（Song M. et al.，2015）选择能耗量、二氧化碳或二氧化硫排放量、粉尘排放量等指标作为钢铁行业生态效率测度中的分母。菲格和哈恩（Figge & Hahn，2012）选取二氧化碳排放量作为分母来评价汽车企业的生态效率。联合国国际会计和报告标准政府间专家工作组（The Intergovernmental Working Group of Experts on International Standards of Accounting and Reporting，ISAR）建议从五个方面来测度企业的生态效率，即面对不可再生能源耗竭的环境问题，采用初级能源消耗量/增加值指标；面对臭氧层损耗的环境问题，采用臭氧层气体排放量/增加值指标；面对淡水资源耗竭的环境问题，采用用水量/增加值指标；面对全球变暖的环境问题，采用气体排放量/增加值指标；面对固体和液体废弃物的环境问题，采用废物量/增加值指标（刘刚和高轶文，2003）。

　　数据包络分析法（data envelopment analysis，DEA）。该方法是利用产出投入指标进行效率评价的一种线性规划方法。具体来说，该方法是将每个评价个体视为一个决策单元，全部的决策单元均设有统一的投入指标和产出指标，运用线性规划模型建立样本数据的非参数生产前沿面，然后根据各决策单元与前沿面的距离确定其效率状况。其特点是不需要考虑投入与产出是否具有函数关系，也不需要事先赋予权重或估计参数，直接通过投入来计算产出效率。但 DEA 方法主要适用于评价同类决策单元效率的相对有效性，即针对同行业中不同企业之间的相对生态效率进行评价。戴克霍夫和艾伦（Dyckhoff & Allen，2001）提出了评价企业生态效率的 DEA 基本模型，科霍宁和卢普塔西克（Korhonen & Luptacik，2004）利用 DEA 方法对电力企业的生态效率进行测算比较，舒赫（Suh Y. et al.，2014）使用 DEA 方法分析了韩国 272 家企业的生态效率。彭毅和聂规划（2011）利用 DEA 方法，对中煤集团下属的 7 家煤炭企业的生态效率进行测度，以企业总资产和员工人数为投入指标，主营业务销售收入为期望产出指标，废水、废渣生产量为非期望输出指标，得到相应的企业生态效率测度值。孔海宁（2016）利用 DEA 方法，以我国 40 家大中型钢铁企业为样本，对其生态效率进行了分析。高文（2017）运用三阶段 DEA 模型，实证研究了 2008~2011 年我国 31 个省份的工业企业生态效率。宋等（Song M. et al.，2015）对 DEA 模型进行了扩展，利用扩展后的模型测算样本企业的生态效率值，观察企业的环境保护和治理污染的情况。

内容分析法（content analysis，CA）。该方法是将文本信息，通过一定的标准，予以分解、细化，最终提取成可量化的数据。具体步骤可概括为：定义维度→选择指标→制定标准→转化过程→获得数据。在内容分析法的前期阶段中，研究者需要选择评价维度、制定评价标准、定义分析类别和单元，这一过程基本上是主观的。随后依据前期阶段设立评价标准、分析类别和单位，将文字（或图画）非定量的内容转化为定量数据。一旦评价标准、分析类别和单位被确定，转化过程完成，其后续的研究过程就被认为是客观的了。这时，研究者的个人意志不再能左右分析的数量结果，他必须按照确定的评价标准、分析类别和单位进行计量，计量出什么结果，就只能表述什么结果，任何研究者都应该得出同样的结论，这确立了内容分析法的客观性。肖特嘉和斯特韦特（Schaltegger & Synnestvedt，2002）认为，企业生态效率的测度需要包含环境治理、生产过程及会计信息披露。一个企业之所以愿意测度其生态效率，原因可能有很多，其中包括生态效率的测度可以跟踪企业的环境表现和过程（Figge & Hahn，2005）。因此，姆汗等（M. Khan et al.，2016）和布希等（Bushee B. J. et al.，2018）参考企业的对外报告，通过内容分析法，从环境计划、环境管理、环境会计和公司战略四个组织要素对公司的社会责任和公司的生态效率进行测度。西塞蒂和特努奇（PSizeti E. & Tenucci A.，2016）对企业生态效率测度进行了探讨，认为企业生态效率的测度，不应当仅仅只关注一些比值指标，而应当综合测度企业的整体生态效率，因此，他们通过环境规划、企业战略、运营实践、环境管理体系认证和环境管理会计工具五个组织要素维度，对一组 65 家公司的问卷和 14 个访谈组组成的调查报告进行内容分析，来测度企业的生态效率。同时，国际组织如国际标准化组织（International Organization for Standardization，ISO），建议参照企业对外报告的内容，构建生态效率的评估体系。

除了上述方法外，企业生态效率测度还有一些其他的方法，如奥乔尼等（Oggioni et al.，2011）在对多个国家水泥企业的生态效率研究中，使用宏观数据作为企业生态效率替代指标；菲格和哈恩（2004）通过平衡计分卡来评价企业生态效率，在平衡计分卡原有的四个维度基础上，增加了一个环境维度；此外，哈恩等（2010）首次提出了生态效率机会成本的概念，认为企业的生态效率是有机会成本的，这里的机会成本是市场或行业平均生效率，并在此基础上，菲格和哈恩（2012）提出生态效率乘数概念，认为企业生态效率乘数＝企业生态效率/市场或行业平均生态效率。进一步的，菲格和哈恩（2013）参考杜邦分析法，将企业生态效率分解为销售净利率、总资产周转率和资本环境利用率三者的乘积。辛金等（Sinkin C. et al.，2008）从生产过程和成本角度评价企业生态效率水平，以求更准确地提供环境会计信息。马等（Ma X. et al.，2018）结合钢铁企业特点，从循环经济视角入手，评价企业生态效率。周守华等（2015）以企业是否获得外部认证（ISO 14001）作为衡量企业生态效率高低的标准，当企业通过 ISO 14001 环境质量认证体系时，视其生态效率为 1，否则视其生态效率为 0。

最终选择哪种方法来测度企业的生态效率，需要根据测度目的和自身的实际情况来决定。既要考虑到企业自身的信息系统状况，又要考虑到环境管理过程及成本控制问题（Figge & Hahn，2005）。综合来看，价值—影响比值法简单易操作，数据包络分析法多维度测度企业生态效率，但均存在一定的局限性，价值—影响比值法和数据包络分析法不适于跨行业企业之间的生态效率分析。这是由于行业差异性和企业生产过程差异性，不同企业在生态效率测度的具体过程中，测度指标的选择会存在较大的差异性。这种方法上的局限性导致了目前企业生态效率的研究多集中于案例研究，或同行业内少数一些企业之间的生态效率研究，很少涉及大样本的实证分析。在梳理文献的过程中，我们发现，与上述两种方法不同，内容分析法跳出了传统围绕指标计算测度生态效率的局限，从企业对外释放的信息内容入手，设计综合的评价维度来测度企业生态效率，这种测度方法避免了企业差异化引起的数据的不可比性，有利于企业生态效率的大样本实证研究。

1.2.3　企业生态效率的影响因素

现有文献中关于企业生态效率的影响因素研究，主要集中在外部制度压力和内部驱动力两个方面。米尔和费特尔森（Mir & Feitelson，2007）认为，企业之所以愿意改善其生态效率主要由于外部压力，并从多个方面进行阐述，即全球环境压力、政府法规压力、社会压力、市场竞争压力及消费者绿色产品的需求压力等方面。米尔（Mir，2008）同样认为，外界压力如政府法律、社会公众、市场竞争等影响着企业生态效率的改善。加梅罗等（López - Gamero et al.，2010）发现，环境政策的压力与企业生态效率有正相关关系。

但部分学者认为企业生态效率的高低，实际上是一种企业的行为，与企业自身的特征、资源使用和污染治理能力有直接关系（Calcott P. & Walls M.，2005）。科泰等（Côte R. et al.，2006）认为，企业提高生态效率的驱动力主要来源于降低成本的考虑，而非政治压力。持同样观点的还有查等（Cha K. et al.，2008），他们认为，企业经营的出发点仍然是财务绩效，节约成本、提高竞争优势及获得良好的声誉是企业改善生态效率的重要影响因素。绍和魏（Shao Q. & Wei L.，2007）发现，不同产权性质的企业生态效率不同，与民营和外资企业相比，国有企业生态效率更低。同时，由于企业层面数据收集困难较大，尤其是获得大数据限制更多，因此，一些学者以区域或省份的生态效率作为企业生态效率的替代变量开展研究，并发现公司的产权性质、公司规模、创新投入及政府管制均影响着工业企业生态效率（程远，2011；金桂荣和张丽，2014；高文，2017），但是这种替代后的结果是否可靠，还有待商榷。陈晓红和陈石（2013）以湖南省化工企业的调研数据为样本，发现企业生态效率受到技术进步、外部压力、政策优惠、文化等因素的影响。戴薇等（2016）从公司规模、公司年龄、研发投入、行业特征及负债水平和公司所在地区的发展水平等方面研究其对企业的生态效率的影响，发现企业年龄、研发投入、行业特征和企业所在区域的发展水平对企业生态效率有显著影响，而企业规模和资产负债率对生态效率的影响并不显著。

除了公司特征因素对企业生态效率会产生影响外，阿特金森等（Atkinson et al.，2000）、克里斯特和布里特（Christ & Burritt，2013）指出，企业内部各部门之间的相互关系对公司战略的实现影响非常大，企业各部门之间的适当支持有利于生态效率目标的实现（Gond et al.，2012）。杨东宁和周长辉（2004）也认为，企业生态效率改善需要靠企业各组织部门之间配合。西泽蒂和特努奇（Psizeti E. & Tenucci A.，2016）从企业的环境规划、经营战略、环境管理体系认证、环境管理会计等因素出发考察其对企业生态效率的影响，发现越重视环境规划和环境经营战略的公司，通过了环境管理体系标准认证（ISO 14001）或欧盟生态管理和审核计划（The European Eco-management and Audit Scheme，EMAS）的公司，以及环境管理会计实践开展越好的公司，其企业生态效率的表现越好。特里布斯沃特和希钦斯（Triebswetter & Hitchens，2005）发现，环境倡议与企业生态效率之间存在正相关关系，即针对环境问题，事前防范做得越好的公司，其生态效率越好。同时，宋等（2016）以创新为切入点，发现科技创新、制度创新、管理创新、创新文化及企业规模等因素对钢铁企业生态效率有一定的影响。

综合看来，对企业生态效率的影响因素研究，现有国内外文献均有所涉及，并分别从企业内部和外部环境两方面进行分述。外部政治压力和利益相关者期望对企业生态效率势必会产生一定的影响，但大部分学者认为企业生态效率改善更多与企业内部的因素有关，如公司特征、公司战略等方面。

1.2.4　企业生态效率的后果研究

哈恩等（Hahn et al.，2010）指出，企业生态效率的核心思想是将企业经济活动成果与环境资源消耗或环境绩效表现联系起来。企业生态效率的提高可以带来一系列的可能性，如材料耗费、能源消耗及有毒物质的减少，可回收率的提高，再生能源利用最大化，产品寿命延长及服务质量的提高（Finkbeiner M. et al.，2010）。

具体来说，企业生态效率的改善能够影响企业的成本。企业通过减少有害物质的排放和原料使用量，能够提高企业生态效率，形成成本节约（Orsato，2009），从而可以帮助企业在环境友好的实践中建立竞争力，达到刺激研发投资的目的（Delmas & Pekovic，2015）。企业生态效率对企业经济活动的影响机制是通过企业成本差异化和市场差异化来实现的（周守华等，2015）。企业在恰当的时机进入市场，通过先进的环保技术，提供差异化的产品（这里所提的差异化产品，主要是指符合可持续发展的"绿色产品"），来提高其生态效率。这样一来，企业生态效率引起的成本差异化，既能够降低成本又能够增加收入机会（Ambec & Lanoie，2008）。与此同时，提高生态效率，达到了保护环境的目的，能够为企业带来更高的声誉，获得消费者的青睐，提升社会公信度（Gong X. et al.，2017），形成差异化市场，最终产生溢价（Miles & Covin，2000）。阿特金森（Atkinson，2000）发现，当生态效率提高时，企业的经营现金流量会随之增加，因此认为企业生态效率的改善能够影响企业的财务成果，有利于提高企业的盈利能力。过去，人们认为企业加大环境投入，是一项沉没成本，投入多获利少。事实上，企业生态效率的提高，可以带来额外的可持续性租金（Klassen & Whybark，1999；Sharma & Vredenburg，1998），并形成竞争优势。伯内特和唐·罗汉森（Burnett & Don R. Hansen，2008）发现，积极的企业生态效率管理可以减少环境成本，同时更容易获得银行贷款支持。

企业生态效率的改善能够影响到企业的信息质量。企业生态效率提供了更有效的会计信息（Gray & Bebbington，2000）。乔希（Joshi P. L.，2001）指出，现有的财务会计信息系统，已经不能够满足信息使用者的需求，现有的环境会计信息系统并未发挥出其应有的作用。我国学者周守华和陶春华（2012）也认为，现在的会计信息系统不能提供企业可持续发展的信息，呼吁加快会计改革的步伐。而企业生态效率所反映的恰好是财务与环境互动情况的会计信息，是财务绩效与环境表现的结合点，合理利用企业生态效率信息，能够提高利益相关者的决策质量（孔海宁，2016），更直观地表现企业环境管理的有效度（Sanna Erkko et al.，2005）。

我们发现，企业生态效率的后果研究，结论主要集中在企业生态效率是否能够降低成本、增加收入、提高经营绩效，以及是否能够提高企业会计信息质量等方面。对于企业生态效率与外部利益相关者之间的关系及其后果研究则甚少涉及，这为本书的研究提供了空间。

1.2.5 文献总结

企业生态效率体现了企业所持有的环境战略，是企业开展生态文明建设的体现。企业生态效率的理论研究日趋走向成熟，以经济和环境为中心点，不断向外拓展完善积累了丰富的成果。早期的企业生态效率研究主要围绕概念、内涵等层面开展，现有的研究则更注重在广度和深度上对企业生态效率进行探讨，主要集中在企业生态效率的测度和影响因素两个方面，但涉及企业生态效率经济后果方面的研究则较少。

企业生态效率的测度研究参照行业或区域生态效率研究的经验，围绕生态效率是财务绩效和环境影响的比值这一观点，从单一维度或多维度构建一个指标或一组指标形成的指标体系，利用比值法或数据包络分析法等不同的方法，实现了微观企业层面的生态效率测度，但这些方法存在一定的局限性，不利于开展大样本的企业生态效率研究。我们注意到，已有学者创新地利用内容分析法来测度企业生态效率，跳出传统的以指标比值论企业生态效率的观点，以求更贴切地将生态效率与企业的各个组织结构联系起来，便于开展企业生态效率的大样本研究，但目前这种方法多是由国外学者姆汗等（2016）、布希等（2018）及西塞蒂和特努奇（2016）采用，国内尚无相关文献采用此种方法评价企业生态效率。

企业生态效率的影响因素研究主要从企业外界压力和内部特征入手，多采用案例研究或同行业内的少数样本企业进行小范围的企业生态效率研究。但是由于大样本数据获得受限等原因，关于企业生态效率的进一步研究多止步于影响因素的研究，企业生态效率可能带来哪些经济后果，能为企业带来何种益处的研究寥寥无几，这为本书的研究提供了空间和可能性。因此，本书将在现有文献的基础上，试图构建恰当的企业生态效率测度体系，以期获得企业生态效率的大样本数据，并进一步探讨企业生态效率的影响因素和经济后果。

1.3 研究内容与方法

1.3.1 研究内容

本书各章内容安排如下。

第 1 章为绪论，主要阐述本书的研究缘起，国内外企业生态效率研究现状，并对本书完成的主要工作和后续各部分内容结构的安排做简要介绍，确定本书的研究思路、研究方法，简要概括本书的创新点。

第 2 章为相关理论基础，主要从生态经济学理论、利益相关者理论、信息不对称理论、委托代理理论及会计相关理论入手，阐述企业生态效率研究的理论支撑。

第 3 章为企业生态效率测度体系，主要从相关的制度背景、环境信息披露现状着手，构建可行的基于企业财务和环境信息互动的生态效率测度体系。本章着眼于企业生态保护意识、生态效率管理过程、信息披露及合法性四个维度，选取恰当的评价指标，通过内容分析法进行赋值打分，最终得到恰当的企业生态效率测度值。

第 4 章为企业生态效率的影响因素，主要研究重污染行业上市公司生态效率的影响因素，包括五个部分：4.1 节分析了企业生态效率相关影响因素的理论基础，并提出相应假设；4.2 节对研究样本、相关变量和实证研究模型等进行了说明；4.3 节详细探讨了本章的实证结果；4.4 节进行了稳健性检验；4.5 节为本章小结。

第 5 章为企业生态效率与债务融资成本，主要研究重污染行业中企业生态效率与债务融资成本之间的关系，包括六个部分：5.1 节分析了企业生态效率与债务融资成本间关系的理论基础，并提出相应假设；5.2 节对研究样本、相关变量和实证模型等进行了说明；5.3 节详细探讨了本章的实证结果并针对可能存在的内生性问题进行处理；5.4 节开展了进一步研究；5.5 节进行了稳健性检验，5.6 节为本章小结。

第 6 章为企业生态效率与审计费用，主要研究重污染行业中企业生态效率与审计费用之间的关系，包括六个部分：6.1 节分析了企业生态效率与审计费用之间存在相关性的理论基础，并提出相应假设；6.2 节对研究样本、相关变量和实证模型等进行说明；6.3 节详细探讨了本章结果并针对可能存在的内生性问题进行处理；6.4 节开展了进一步研究，探讨哪些因素会对这种关系有影响作用；6.5 节进行了稳健性检验；6.6 节为本章小结。

第 7 章为企业生态效率与所得税税负，主要研究重污染行业中企业生态效率与企业所得税税负之间的关系，包括六个部分：7.1 节分析了企业生态效率与所得税税负相关关系的理论基础并提出相应的假设；7.2 节对研究样本、相关变量和实证模型等进行了说明；7.3 节详细探讨了本章的实证结果并针对可能存在的内生性问题进行处理；7.4 节开展了进一步研究；7.5 节进行了稳健性检验，7.6 节为本章小结。

本书最后为结论，主要在前面的理论分析和实证检验结果的基础上对本书的研究成果进行总结，提出现有研究的局限性和未来进一步的研究方向。

1.3.2　研究方法

文献研究法。本书通过生态效率、企业生态效率、环境信息披露、企业社会责任等作为关键词，查阅国内外前沿的相关文献，梳理总结企业生态效率的研究现状，从中确定本书的研究思路，寻找企业生态效率测度体系和指标确立的依据，为生态效率测度体系的构建提供理论支撑。

定性定量分析法。本书在企业生态效率的相关理论基础、政策文件梳理及与利益相关者等关系分析时主要运用定性分析，在企业生态效率测度、影响因素及经济后果等研究时主要采用定量分析。

实证研究法。本书以 2013～2015 年重污染行业上市公司为研究样本，通过建立回归模型，采用多元回归等方法开展实证研究，首先考察企业生态效率的影响因素，在此基础上，从与债权人、中介机构及政府等利益相关者关系视角，探讨企业生态效率可能带来的债务成本、审计费用及所得税实际税负等经济后果。

比较分析法。本书广泛采用比较分析的方法进行企业生态效率问题的研究。如本书在构建企业生态效率测度体系时，比较分析了现有的宏观政策导向及现有指标体系的优劣势，并结合企业数据的可获得性，提出了一个综合性的测度指标体系。

1.3.3　技术路线

在上述研究内容和研究方法的基础上，本书整体的技术路线如图 1 - 1 所示。

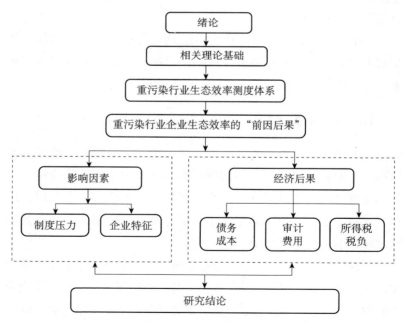

图 1 - 1　本书技术路线

1.4 研究创新与重难点

1.4.1 研究创新点

第一，本书对企业生态效率的概念进行了甄别，从企业生态效率早期基础概念入手，全面系统地研究了生态效率概念的发展历程，并提出企业生态效率不局限于是一个比值指标，而是企业环境战略思想的体现，贯彻于企业经营管理活动的各个层面，反映着企业财务和环境绩效的互动信息。

第二，本书搜集重污染行业上市公司的财务与环境披露数据，采用内容分析法对这些上市公司2013~2015年的企业生态效率进行了定量测度，是国内生态效率测度方面采用这种方法进行大样本测度的一次新的尝试，这种大样本的测度为寻找经济规律提供了前提和基础，并对深入分析企业生态效率背后的逻辑关系起到积极作用。

第三，本书借助构建的企业生态效率测度体系，以大样本数据为基础，考察了企业生态效率的影响因素，进一步验证了过去以定性和案例方法为基础的研究结论。同时，本书从企业与债权人、中介机构和政府的关系视角入手，考察了企业生态效率与债务融资成本、审计费用及所得税实际税负之间的相关关系，是企业生态效率后果研究方面采用大样本实证检验的先例，弥补了定性和案例研究不具有普适性的缺陷，为企业生态效率在实践中的应用提供了理论支撑。

1.4.2 工作重点与难点

工作重点：本书研究的重点在于生态效率测度的理论问

题，包括生态效率测度体系及指标的选择。只有在理论上扎实地完善企业生态效率及其度量，后续才有开展相关研究的可能性。

工作难点：在本书构建的企业生态效率测度体系基础上，实质性地测算出 2013～2015 年重污染行业上市公司的生态效率测度值，并发现其背后的经济规律，这是本书的难点。

第**2**章

相关理论基础

2.1　生态经济学相关理论

2.1.1　生态系统的概念

生态系统是一个生态学的概念，企业生态系统是在自然生态系统的基础上发展起来的。自然生态系统的概念最早由英国植物生态学家坦斯利（Tansley）于 1935 年提出。摩尔（Moore，1997）在此基础上，提出企业生态系统的理念，并定义企业生态系统是以企业为主体向外扩展，连接起各利益相关者，并与生态环境发生联系。其涵盖范围非常广泛，包含消费者、市场中介、供应商、同质企业群以及其他利益相关者等生物成分和政治环境、经济环境、文化环境、科技环境等非生物成分。进一步地，企业生态系统有内外之分。就外部而言，指除本企业之外的其他企业种群以及其所处的生态环境；就内部而言，是企业开展生产经营的条件，它对企业的生存和发展起着基础作用。同时，生态系统具有一定的可修复性，这种可修复性需要保持在一定的界限内，图 2-1 为环境库兹涅茨曲线图，图中的最上方的横线代表生态不可逆阈值，即生态环境所能承受的最大界限。倒 U 型曲线意味着，在环境所能承受的最大范围内，经济的增长起初会带来

21

环境破坏的增加，但随着经济的进一步增长，环境破坏率反倒会逐渐降低。

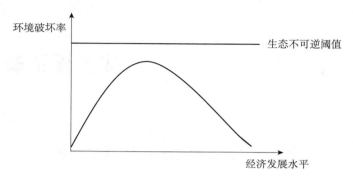

图 2 - 1　环境库兹涅茨曲线

注：该曲线图引自帕纳约托（Panayotou T.，1997）。图中的生态不可逆阈值，即环境容量，是指某一环境区域内对人类活动造成的影响的最大容纳量。大气、土地、动植物等都有承受污染物的最高限制。

生态系统的承载力不是固定不变的。从某种意义上讲，人类社会的发展过程，就是通过生态系统承载力的开发和资源利用结构的提升不断提高生态系统承载力的过程。生态系统承载力的递增，需要采取一系列相互协调的措施，包括挖掘和提升生态系统承载力的技术措施、增加生态系统承载力的建设措施，以及与之配套的激励政策和机制。这些措施涵盖了技术进步、价格机制和法律、法规等诸多方面，并通过构建和谐的机制，使人与人之间、人与自然之间保持和谐状态，实现"资源—产品—废弃物"的开环流程到"资源—产品—资源"的闭环流程的转换，以达到经济和生态环境可持续相容的目的。

2.1.2　生态经济学理论概述

生态经济学理论的代表学者有波尔丁、哥尔德、坂本藤良和莱斯特布朗等人。他们主张经济生产经营活动与生态环境密切相关，认为当生态环境遭到破坏，且超过其可修复能力时，生产经营活动也将彻底停滞，并带来一系列不可逆的后果。因此，需要将生态与经济结合起来，形成一个可循环的生态经济系统。这些生态经济学家把现有的经济设计成为经济和生态两个子系统集合的经济生态复合系统，并强调在维持生态系统平衡的条件下发展经济。在这些理论的影响下，人们提出了循环经济模式，它是对传统发展观的革命。第一，生态伦理观重点强调生态价值的全面回归，强调人类只是自然的享用者、维护者和管理者，要尊重自然权利，主张在生产和消费领域向生态化转向。第二，生态阈值的客观存在说明环境净化能力和承载力是有限度的，如果社会经济发展超越了生态阈值，将可能发生不可逆转的灾难后果。循环经济则强调在生态阈值的范围内通过合理利用自然资本，保护生态系统的内部组织能力，进而达到经济发展和环境保护双赢目的。第三，要重视自然资本的作用，循环经济中强调自然资本是最重要的资本形式，是人类社会最大的资本储备，因此，解决环境问题的关键是提高自然资本的资源生产率。而发挥自然资本作用途径是通过向自然资本投资来恢复和扩大自然资本存量，运用生态学模型重新设计工业，开展服务与流通经济，改变原来的生产消费方式，从浅生态论向深生态论转变。其中，循环经济就是一种深生态论，它不仅强调技术进步，而且还考虑制度、体制、管理和文化等因素，能够从源头上防止破坏环境因素的出现。

生态系统与经济活动是密切联系、相互依存和不可分割的，两者融合成一个整体，构成生态经济系统。企业是生态经济系统结合"界面"上的一个"节点"，企业经济活动与生态系统之间的每一种联系都意味着一种环境成本的存在。在企业生态经济系统中，引发生态环境问题具体表现在三方面，即企业活动消耗自然资源、企业活动降低环境质量及企业自身活动和生产消耗环境质量。因此，为了解决各种利益冲突，做到既满足企业可持续发展的要求，又能与自然规律相和谐一致，企业必须建立一种全新的企业运作模式——生态经济系统模式。生态经济系统方式能有效协调企业经济活动与生态系统之间的利益冲突，充分协调经济发展与自然资源利用、环境保护之间的关系，为企业解决生态环境问题提供了一种新方式。这种综合生态、经济和社会各方面的可持续发展思维，能够帮助企业实现生态经济管理，是现代管理理论研究中的一个全新视角。生态经济系统方式在实践中也有着广泛的实施基础和应用前景，有利于协调微观、中观乃至宏观领域内的各种经济活动相互之间的关系，从而有助于制定各种政策、规划和决策，最终实现双赢或多赢的局面。

生态经济学理论主要有三个切入点：首先，研究对象是生态系统，在生态系统内讨论人（企业）对自然的影响。其次，研究主体是人（企业）的经济活动，作为理性经济人，企业有着自利性的特征，但在生态经济下，需要平衡这种自利与利他目标，实现经济与环境的可持续运转。最后，研究范围包括利益相关者，利益相关者与企业的协同作用，能够帮助生态系统更好的有效运行。

2.1.3　生态经济理论与企业生态效率

企业生态效率符合生态经济理论的特点，我们认为，企业作为一个生态经济人，其主动或被动地与外部生态环境发生着联系，当企业积极地进行生态效率改善时，表明了企业良好的生态保护意识，主动维系生态系统的循环运转，从而促进企业在整个生态系统中发挥良好作用。同时，作为生态经济人，随着各方对企业生态友好行为的日益关注，企业积极地提高生态效率，能够帮助企业更易获取间接生态收益，如税收优惠和银行信贷优惠等。

2.2 利益相关者理论

股东是企业资本的投入者，是企业经营风险和环境风险的主要承担者，因此拥有着享有企业剩余利润的分配权和控制权（Grossman & Hart，1986；Hart & Moore，1990）。但汉南和弗里曼（Hannan & Freeman，1984）主张，企业不单是股东或所有者的企业，也是利益相关者的企业，企业的管理者应当为综合平衡各个利益相关者的利益要求而进行管理活动。企业必须面对越来越多的与其利益相关者有关的问题，如产品安全、广告诚信、雇员权利、环境保护、道德行为规范等。

2.2.1 利益相关者的概念界定

利益相关者的定义。利益相关者概念最早可追溯到彭罗斯（Penrose，1959）的《企业成长理论》一书。安索夫（Ansoff，1965）认为，企业在制订经营计划时，需要顾及员工、供应商、客户等的利益诉求。汉南和弗里曼（1984）认为，利益相关者对企业的影响力巨大。克拉克森（Clarkson M.，1994）认为，利益相关者有所付出，为此承受着一定的企业风险。在国外研究的基础上，我国学者李维安和王世权（2007）认为，利益相关者是指对企业实物、人力或环境等方面予以投资，并承担相应风险的个人或组织。这里的投资并不局限于经济利益的投资，还应包括环境利益的投资。本书研究中利益相关者概念采用国内学者的上述定义。

利益相关者的分类。企业的利益相关者涉及面广，为了便于研究，常采用多锥细分法和米切尔平分法对利益相关者进行分类。（1）多锥细分法。利益相关者的类型不同，对企业的活动和决策起着不同的作用（陈宏辉和贾生华，2004）。查卡姆（Charkham，1992）从与企业是否存在契约关系这一角度入手，将利益相关者分为契约和公众两类。西林帕和惠勒（Silinpaa & Wheeler，1998）从关系的建立是否具有社会性入手，将利益相关者分为主要、次要社会性利益相关者和主要、次要非社会利益相关者四类。（2）米切尔评分法。米切尔等（Mitchell et al.，1997）认为，企业利益相关者须具备合法性、权利性和紧迫性中至少一种属性，并进一步对利益相关者进行归类，如图 2 - 2 所示。其中，权威型即三种属性都具备，如股东。预期型即包括上述任意两种属性，如政府、媒体及极端主义者，其中，政府是同时具备合法性和权力性的关键利益相关者；媒体是同时具备合法性和紧迫性的从属利益相关者；极端主义者则是同时具备权利性和紧迫性，但缺乏合法性危险利益相关者。潜在型即只具备一种属性。

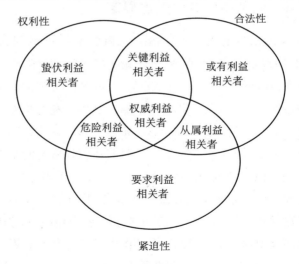

图 2 - 2　米切尔评分法

资料来源：Mitchell R. K.，Agle B. R.，Wood D. J. Toward a Theory of Stakeholder Identification and Salience：Defining the Principle of Who and What Really Counts［J］. Academy of Management Review，1997，22（4）：853 - 886.

此外，李心合（2001）以支持、不支持、混合及边缘型对利益相关者予以分类。陈宏辉（2003）则以核心、蛰伏及边缘型对利益相关者予以分类。本书认为，利益相关者与企业之间的关系决定了相关利益的特征和性质。相关者利益一般受管理者的影响，只有相关利益受到企业管理者的关注时，对利益相关者而言才具有真正的意义。相关利益具有变动性和客观性的特征，随着利益相关者的需求而不断变动。由于与企业的关系各不相同，不同的利益相关者的需求也各不相同。企业的股东追求企业权益价值最大化的目标，企业员工的需求是较高的薪水和优越的工作环境，供应商的需求是获得更高的利润和稳定的合作关系，顾客的需求是获得更高效用的产品，而政府则希望企业降低对环境的影响。出于这些不同利益相关者的不同需求，企业对其利益相关者也形成了相应的经济责任和社会责任。一般而言，企业的经济责任和社会责任之间存在一定的冲突，企业在追求经济利益时，往往会对环境造成负面影响，在一定程度上忽视其社会责任，但是从环保的需求来看，企业又必须在经济利益与环境保护方面做出权衡，以促进社会的可持续发展。

2.2.2 利益相关者理论的内容

利益相关者理论认为，企业并不是一个完全由股东主导的组织，企业的价值是由利益相关者共同创造的（Jensen & Meekling，1976；Crane et al.，2008；Freeman R. E.，2006），利益相关者有权参与公司的治理，针对企业的剩余利润，利益相关者有权享有相应分配权。换言之，利益相关者在企业中是享有产权的（陈宏辉和贾生华，2005），利益相关者的投入构成了企业，企业的目标应当是为全体利益相关者创造价值，实现全体利益相关者的利益最大化。同时，各个利益相关者之间都正式或非正式地与企业形成了特定契约，参与企业的日常运营活动，并共同分享企业创造的价值。利益相关者作为企业专用性资产的投入者，面对企业的成果，有权在企业享有相应的企业剩余索取权和控制权。专用性资产的多少以及资产所承担风险的大小可以作为利益相关者团体参与所有权分配的依据。同时，企业以利益相关者价值最大化作为目标是与以社会利益最大化目标一致的，以企业员工为例，他们一方面投入了自己的人力资本（如个人工作时间、长期劳动合同中积累的技能等），另一方面，也投入了自己的知识资本（如经培训后获得的知识），这些资本同物质资本一样，在企业的价值创造过程中发挥着十分重要的作用。本书用图 2 - 3 来描述企业与其利益相关者之间的联系。

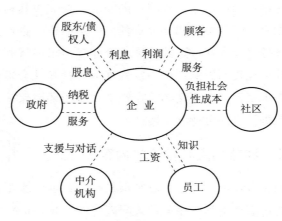

图 2 - 3　利益相关者模型

资料来源：陈宏辉. 企业的利益相关者理论与实证研究［D］. 浙江大学，2003：30 - 34.

2.2.3　利益相关者理论与企业生态效率

从利益相关者的理论可知，企业是利益相关者的企业，企业有义务向利益相关者提供充分、及时、有效的信息。而生态效率反映的是全面的财务与环境方面的信息，比仅仅提供财务信息更充分有用，可以改进管理层、投资者、债权人、中介机构、政府等这些利益相关者的决策。其中，管理层作为代理人，受托经营企业。随着资源与环境约束的日益严峻，环境信息已经成为企业经营决策的重要依据。首先，资源尤其是能源价格日渐上涨，减少单位产品的资源消耗、节约能源成为企业经营的重要组成部分。其次，减少污染排放，既是国策也是政府强制企业完成的任务，企业管理层必须遵守相关法规，完成国家下达的减排指标。最后，随着个人、公司与社会公众的节能环保意识不断提升，公司能否按照要求履行环境保护责任，将面临消费者、社会公众、甚至媒体的广泛关注，更会影响到企业的市场竞争能力和长期发展。同时，自觉履行环境责任正在成为多数企业的正常经营行为。为遵守环境法规和履行环境责任，企业应该如实和及时地披露环境责任信息。投资者和债权人关注的是自己能否按预期收到投资回报或债权的到期实现，能否获取企业的全面信息，以对企业做出恰当的评估，降低投资风险，对投资者和债权人尤为重要。政府作为资源的宏观调控者，需要及时有效了解企业的信息，尤其在推进生态文明建设的背景下，政府尤其关注企业的环境信息，通过企业的环境表现和环境需求，从而合理地制定补助政策，出台相关法律法规。中介机构作为第三方，同样需要利用更有效的信息，对企业进行合理的评价和预估，发现企业经营薄弱环节并提出改进建议，同时降低自身的交易风险。此外，还有一些特殊的利益相关者，如环境规制制定机构和监管机构、自律机构如行业协会等。2005 年，国务院出台了《关于落实科学发展观加强环境保护的决定》，环境保护被置于富有战略意义的重要位置，要求健全社会监督机制，企业要公开环境责任信息，履行环保社会责任，强化社会对企业环保责任的监督。国家环保总局被授权制定国家环境质量标准、制定国家污染物排放标准、建立监测制度，制定监测规范，对环境监测进行管理。政府对环境监管离不开对企业环境情况的了解，为此，2010 年，环保部发布《上市公司环境信息披露指南》（征求意见稿），指导上海证券交易所和深圳证券交易所的上市公司披露其企业的环境责任信息。

因此，我们说无论对于哪种类型的利益相关者来说，都需要更有效更全面的信息，而企业生态效率正是从企业整体生态战略的层面，反映企业财务和环境的全面信息，它一方面能够满足利益相关者的信息需要，另一方面也能够为企业带来益处。

2.3　信息不对称理论

2.3.1　信息不对称的概念

古典经济学认为，市场在"看不见的手"的作用下达到供给和需求的平衡，进而达到有效的资源配置。这一过程，需要满足一个前提条件，即消费者和生产者必须拥有做出正确决策的完全信息。然而现实情况并非如此，市场中的信息是分散的，是非完全的和非对称的。西蒙（Simon H. A.，1979）认为，参与者的决策过程是信息收集、评价和选择的过程，而参与者是有限理性的。在市场交易中，买方和卖方掌握的信息通常是有差异的，往往卖方比买方拥有更多的信息（Akerlof G. A.，1970）。当其中一方参与者无法观测和监督另一方行为时，交易双方掌握的信息所处的状态即是信息不对称状态。在真实世界中，信息常常是不对称的，如企业内部人比外部人更了解企业真实的经营状况，但这并不意味着所有的信息不对称都需要引起重视。只有当形成信息不对称的双方或多方有直接的利益联系或者利益动机有极大差异时，这时信息不对称才值得被重视。

2.3.2 信息不对称理论的内容

通常，根据不对称信息发生的时间分为事前、事后信息不对称。事前不对称指信息不对称发生在行为人交易之前，对应的研究模型是逆向选择模型（adverse selection）；事后不对称指信息不对称发生在行为人交易之后，对应的研究模型是道德风险模型（mornal hazard）。根据不对称信息的内容分为知识型不对称和行为型不对称。知识型不对称指参与人一方具有某种知识能力条件等信息，而另一方不具备同等的知识能力条件，对应的研究模型是隐藏信息模型（hidden information）；行为型不对称指一方不可知另一方的行为，对应的研究模型是隐藏行动模型（hidden action）。

信息不对称会衍生出逆向选择和道德风险两类代理问题，使投资者面临着额外的信息风险和不公平交易的风险。逆向选择指信息优势的一方利用信息优势与信息劣势的一方进行交易并收获额外利益，这类交易是信息劣势者所不愿意的，对其而言是逆向选择。常见的有：其一，企业内部人和外部人之间的信息不对称，内部人更了解企业的真实情况，可能对外部人隐瞒企业不利的一面，只展示企业利好的信息，从而使得外部人对企业进行错误地估价。其二，知情者和不知情者之间的信息不对称，市场上的某些信息，一部分人能够提前获知，另一部人却无法提前获知，那么其就处于劣势地位，提前获知的一方，可以利用信息优势，与不知情者进行交易获取利益（Cassar G. et al.，2015）。逆向选择经典案例是阿克洛夫（Akerlof G. A.，1970）旧车市场。在进行旧车交易时，旧车持有者会比买家了解更多的车辆实际信息，买家仅能从外观判断车辆状况，并不能知道车辆之前的事故情况等信息，因此，旧车持有者更容易利用信息优势来获取利益。

逆向选择可能带来以下问题：其一，信息劣势的投资者如果觉察到逆向选择的情况，或者在长期的交易中处于受损状态，就可能撤出资本市场，这将使市场变窄甚至可能最终导致市场失灵。其二，可能促使好公司退出市场，形成柠檬问题。与旧车市场模型的原理相似，假如存在这样的情形，市场上存在的企业一半是好企业，一半是差企业，投资者和企业家均是理性的，并依据各自获得的信息评估企业的价值。如果投资者信息匮乏而不能区分两类企业的差异，拥有差企业的企业家有动机尽力标榜他们的企业是好企业，基于这种顾虑，投资者只愿意基于所有企业包括好企业和差企业的平均价值的价格购买企业证券，这会导致资本市场低估好企业的价值却高估差企业的价值，最终结果是致使好企业退出市场，市场充斥着劣质品。其三，公司的股东将由于管理者隐瞒了坏消息而不了解公司经营管理的真实情况，从而使低水平管理者被市场淘汰的可能性减少，经理人才市场无法正常运作，管理者的平均管理水平下降，致使公司质量降低，市场运作效率下降。可见，如果信息不对称导致的逆向选择得不到控制，资本市场将无法正常运转，影响资源配置的有效性，严重的后果甚至可能导致市场失灵和崩溃。

信号传递和信息筛选是解决逆向选择问题的两种不同的（但相似的）方法。信号传递是指优等品的卖主会主动向市场发出信号，将其私有信息传递给缺乏信息的一方，消除信息阻隔。由于委托人不知道代理人的类型，代理人会选择某种信号，委托人在观测到信号后，与代理人签订合同，优等品的卖主会设法将其私有信息传递给缺乏信息的一方，而买主意识到这一信号并愿意支付额外的成本。信息筛选是指委托人不知道代理人的类型，委托人提供多个合同供代理人选择，代理人根据自己的类型选择最适合自己的合同，并根据合同选择行动，实际是后者通过一定的手段诱使前者披露其私人信息。如保险公司针对不同类型的潜在投保人制定了不同的保险合同，投保人根据自己的风险特征选择保险合同。

道德风险是指当双方已经签订契约，其中一方在不告知对方的情况下，做出损害对方利益的行为。常见的有：第一，管理层与投资者的代理冲突。当企业的所有权分散时，监督成本会随之较高，管理层可能为了一己私利做出损害投资者的行为，而并不会轻易被投资者发现，如管理层为提高短期的绩效，以获取自身更高的薪酬，可能会作出有损企业长期发展的决策，但这一行为很难被投资者所察觉（Jensen & Mecking，1976）。第二，大股东与中小股东之间的代理冲突。提高所有权的集中度一定程度上能够监督管理层行为，但也存在隐患。当大股东全面掌握企业话语权时，可能存在着大股东对中小股东的侵占和掏空，如大股东可以利用关联交易，低价出售企业的资产，从而达到侵占企业资产的目的（La Porta et al.，2000；Shleifer & Vishny，1997）。

为应对可能发生的道德风险，可采取如下方法：一是约束的方法，即委托人在签订委托代理合同时，加入制约代理人的相应条款，或在代理过程中加强监督，防止代理人出现可能的损害行为或损害动机。二是激励的方法，即委托方在签订合同时，拟订正面激励条款，或在代理过程中采用积极措施，鼓励代理人实施对委托人有利的方式和行为，让代理人的行为不仅对委托人有利，代理人也可以分享新增加的效用。第一种方法需要委托人付出诸多精力和成本费用，而且对维护委托人的利益不一定有效，现实情况中可实施空间不大。第二种方法以经济人假设为起点，充分考虑了人的理性自利的经济特性，符合现实检验，是从"疏"的角度来释放委托人与代理人的矛盾对立，属于正激励的制度设置，按照追求自身效用最大化原理，代理人将自愿或被动选择与委托人目标一致的行动。

2.3.3　信息不对称与企业生态效率

市场交易活动中，企业的利益相关者，如投资者、债权人、审计师、监管当局等利益相关者都需要掌握和了解公司的信息，且都希望企业能够更多地披露与其相关的信息。但是，纳拉亚南（Narayanan，1985）指出，由于信息不对称，管理层更倾向于追逐短期利益以保住自己的饭碗。如当某公司公布将要发行股票融资时，由于信息不对称，投资者无法确切了解公司的经营决策，投资者一般将公司发行新一轮股票融资看作是一个坏消息信号，随之股票价格会下跌，企业价值降低，如此一来，权益融资成本将非常昂贵。这一现象被科瓦奇（Kovacs，2010）所证实。换句话说，信息不对称导致的逆向选择问题是公司融资过程中的重要影响因素之一。企业生态效率包含的信息更有综合性，一定程度上降低了信息不对称的程度，从而影响到企业的融资活动。查瓦和罗伯茨（Chava S. & Roberts M. R.，2008）发现，当信息不对称程度高时，融资优序理论变得不适用了。克里什纳斯瓦米和亚曼（Krishnaswami S. & Yaman D.，2007）发现，信息不对称对公司债务融资存在一定的影响，这为后面探讨企业生态效率的经济后果提供了理论支撑。

2.4　委托代理理论

2.4.1　委托代理问题的由来

现代企业的制度是产权清晰、权责分明、政企分开、管理科学，是以所有权与经营权的高度分离为基础的。但是两权分离会导致并产生新的问题，即委托代理问题。委托代理问题产生的原因一般可以归纳为：第一，委托人与代理人目标不一致。委托人的目标是实现企业的利润最大化以及企业长远发展，代理人作为一个独立的经济人，其目标是最大限度地满足自己的利益，不会无条件地服从委托人的目标。第二，委托人和代理人之间的信息不对称。代理人在自身的努力程度以及企业的经营状况方面比委托人有更充分的信息，委托人很难对代理人实施完全有效的监督。第三，契约的不完全性。企业中的委托代理关系是一种契约关系，企业所有者授权企业经营者管理企业，但是契约都是不完全的，没有完全有效的契约能够约束代理人使委托人的利益不受侵犯。

总结起来，当委托人和代理人之间的目标不一致、信息不对称及其所签署的契约具有不完全性时，便产生了摩擦，从而产生委托代理问题。委托人和代理人都具有自利的特点，委托人希望实现企业价值最大化，代理人希望最大限度地满足自己的利益，两者的目标产生了分歧。同时，代理人直接参与企业的经营管理，掌握了企业实际生产经营的一手信息，而委托人受限于监督成本等原因，无法及时监督代理人的行为。加之，委托代理关系实质是契约关系，契约具有不完全性，因此，无法完全保证代理人不作出损害委托人利益的决策。

2.4.2　委托代理理论的内容

委托代理理论认为，委托人与代理人之间的关系，主要依赖于经济利益来维系，委托人和代理人通过签署契约，委托人赋予代理人权力，要求代理人与其利益一致，为其服务。事实上，代理人常常无法如委托人的预期，他们可能为了自己目标而选择偏离委托人既定的目标，由于信息不对称，委托人未能及时察觉这种偏离并采取措施。一旦代理人偏离既定的目标，追逐私利，将产生严重的后果，如代理人有可能滥用权力做出损害委托人利益的行为。因此，委托人需要制定更加严格的契约条款约束代理者的行为，并加大监督力度。而这样做的结果会产生高额的代理成本。所谓代理成本，指用于支付包括委托人监督、代理人担保和剩余损失等项目，以维系委托代理契约合同的开支（Alchian A. A. & Demsetz H.，1972）。其中，委托人监督开支指委托人监督代理人行为所发生的成本；代理人担保开支指代理人对委托人作出保证与委托人的利益一致所发生的成本；剩余损失开支指因代理人错误决策带来的委托人需要承担的价值损失。

2.4.3　委托代理理论与企业生态效率

在委托代理关系中，为了减少代理成本，建立和完善激励约束机制是至关重要的。委托人必须解决的是如何根据能够观测到的不完全信息来奖惩代理人，以激励其选择对委托人最有利的行动。在激励设计中：一是要使代理人"做"的期望效用大于"不做"的期望效用，这样才能使代理人"做"，此称为参与约束；二是任何委托人希望代理人所采取的行动，都只能通过使代理人的效用实现最大化的方式来实现，也就是说，要使代理人"这么做"的期望效用要大于"不这么做"的期望效用，这样才能使代理人"这么做"，此称为激励约束。委托人在设计合同或制定规则的时候，必须尽量满足以上两个约束条件，才能使代理人自觉地按照委托人的目标行动。现实生活中，参与约束通常能够得到满足，必须解决的是激励约束问题，否则将付出巨大的监督成本。在激励约束机制中，委托人向代理人传递的激励约束信息必须明确而有力度，激励约束措施的传递途径过程越短，激励约束信号的传输速度就越高，其激励约束效果也就越佳。所以，在其他条件相同的情况下，直接的或较少管理层级的委托代理关系必定比较多层级的委托代理关系所产生的效率要高。

　　同时，委托代理问题是建立在信息不对称基础之上的，信息不对称带来了信息成本，委托代理问题带来了代理成本，两者之间不是割裂存在的。一方面，当企业存在委托代理问题时，势必会影响企业的整体效率，包括企业的生态效率。另一方面，企业生态效率在解决代理人的受托生态经济责任问题上有独到的办法。企业管理活动引入生态效率后，管理层的激励、报酬与企业的生态效率紧密相连，激励管理层在计划、决策和生产经营的各环节，进行技术创新和管理创新，改进产品的生产流程，改进产品质量，实现可持续发展。龚等（Gong D. et al.，2017）构建了从概念引入、组织规划、机会鉴别、解决方案到监督实施测评的"企业生态效率评价的操作步骤和模型"。萨拉耶等（Salehyan I. et al.，2014）评价钢铁企业的生态效率水平时，利用环境、资源和能源效率指标，发现上游企业的废品和污染物可能成为下游企业的原材料，建议企业间建立有效利用废品和污染物的机制，以提升企业生态效率。龚光明和陈若华（2012）认为，企业生态效率可视为生态控制行为与经济收益之间的天然桥梁，并提出生态收益概念，指出获取生态收益将直接激励企业在生态效率领域里进行投资，从而促进人类和地球关系的和谐共存。鲁宾和谢莱梅塔（Rubin J. & Sheremeta R.，2015）认为，生态收益实现的路径是生态效率—生态效果—生态收益。此外，企业注重提高生态效率，能够增强环境管理人员的责任感和归属感，进而提高生产效率和创造更多价值。

2.5　会计相关理论

　　与企业生态效率相关的会计理论主要包括会计信息系统论和会计报告论等基础理论。

2.5.1 会计信息系统论

1966 年，美国会计学会（American Accounting Association，AAA）在《会计基本理论》中将会计定义为信息使用者的决策提供确认、计量并传递经济信息的过程，会计在本质上是一个信息系统。1970 年，美国注册会计师协会（American Institute of Certified Public Accountants，AICPA）将会计定义为一种服务活动，它的功能是提供有关经济事项的定量信息，该类信息主要是财务性的，而且是对经济决策有用的。1978 年，财务会计准则委员会（Financial Accounting Standards Board，FASB）认为，财务会计的目标是提供给利用相关者有所帮助的信息，编制财务报告本身不是目的，为利用相关者提供有效的经济决策信息才是目的。在我国，会计学者余绪缨提出会计是一个信息系统，主要是通过客观、科学的信息，为管理者提供咨询服务。葛家澍指出，会计是旨在提高企业和各单位活动的经济效益和加强经济管理而建立的一个以提供财务信息为主的经济信息系统。会计的目标在于向信息使用者提供有助于经济决策数量化的信息，帮助信息使用者，做出合理恰当的决策。但是伴随着市场的不断发展，信息使用者对企业会计信息的需求不再满足于仅仅是经济信息一方面的信息，从而，会计信息系统从单一地提供财务信息，逐步发展为多方面地提供财务信息和非财务信息以供信息使用者使用。这其中，就包括生态效率改善、环境保护等方面的信息。当信息使用者评估受环境影响较大的企业时，该企业的会计信息中包含有与生态环境改善相关的信息，对于信息使用者而言更具有用性。

2.5.2 会计报告论

会计信息最终的体现是通过会计报告这一形式对外披露的。

现行会计报告主要有两种：第一种是通行的会计报告，即企业向信息使用者提供一份全体通用的会计报告。具体到我国企业来说，有公司年度财务报告、企业社会责任报告等多种形式。这种通用的会计报告是综合考虑所有信息使用者可能对会计信息的需求后制定的，可提供财务信息和非财务信息。它的编制需要依据相应的财务会计准则，选择恰当的会计政策和会计处理进行编制并及时对外披露。第二种是非适时性会计报告，即企业根据信息使用者的不同需要，可以固定某一时间点定时地披露企业的会计信息，如中期会计报告和季度会计报告等形式。进一步地，会计报告所释放出的信息，是外界利益相关者获知企业经营管理状况的重要来源，这为本书企业生态效率的度量提供了有效的渠道。

2.5.3 会计理论与企业生态效率

在推进生态文明建设的进程中，理论界对会计本质的认识也应随之变化，应站在历史的、可持续性的视角考察会计相关问题。这其中，企业生态效率的评价，可利用会计学和生态经济学的基本理论和方法，采用货币计量和非货币计量属性，对企业生产经营活动中所涉及的环境事项及其结果进行计量、记录。企业生态效率，能够提供更有效全面的会计信息，更好地降低信息不对称和代理成本，为企业经济活动带来益处。同时，会计报告又为企业生态效率的测度提供了合适的信息渠道。

2.6 本 章 小 结

本章从理论上分析了企业生态效率的相关理论基础。企业生态效率的发展是建立在生态经济学理论基础之上的。企业是生态经济系统的参与者与维护者，企业的活动需要服从生态经济系统基本规律。而企业生态效率的不断改善，离不开利益相关者理论的支撑。企业生态效率反映了企业综合的信息，符合利益相关者的利益诉求，因此，利益相关理论是指导研究企业生态效率影响因素及经济后果的理论依据。同时，信息不对称理论和委托代理理论是在利益相关者理论和生态经济系统理论基础上，进一步解释企业生态效率经济后果的理论支撑。

第**3**章

企业生态效率测度体系

本章重点内容是构建恰当的企业生态效率测度体系。参考姆汗等（M. Khan et al.，2016）、布希等（Bushee B. J. et al.，2018）及西塞蒂和特努奇（PSizeti E. & Tenucci A.，2016）对企业生态效率的测度方法，从企业的信息系统出发，通过内容分析法获得企业生态效率的测度值。企业生态效率是贯穿于整个企业生产流程的战略思想，它比环境绩效更进一步地体现出企业财务成果和环境表现的互动关系，能够综合反映出企业可持续发展的状况。因此，本章认为企业生态效率的测度需要跳出传统思维模式，不应再围绕各种指标的计算开展，而应从企业自身的信息披露入手，尤其是环境信息方面的披露，多维度地全面考察企业生态效率情况。因此，本章3.1节梳理相关制度的变迁过程；3.2节从主体、载体和内容三方面入手对环境信息披露的现状进行总结；3.3节分别从测度路径和指标体系两方面入手，构建恰当的企业生态效率的测度体系，并提出相应的赋值标准便于后续的定量研究；3.4节以重污染行业的上市公司为例，依照已构建的测度体系，对其生态效率进行测度，并予以进一步分析；3.5节进行本章小结。

3.1 环境信息披露的制度背景

3.1.1 国外环境信息披露的制度变迁

环境信息披露机制始于西方，1974年，有近70家的美国公司发布环境报告。1989年，国际会计准则委员会面向全世界范围的企业提倡披露环境信息。1993年，世界经济合作与发展组织（OECD）鼓励其成员国的企业披露环境信息。1996年，欧盟委员会（European Commission，EU）发布指令，要求其成员国每三年公布一次国内主要污染物排放情况，并要求在合适的时间段内对公众开放，使公众得以在主管机构做出决定之前发表评论意见。欧盟委员会将基于成员国提供的数据，每三年发布一次公告。该指令确立了由欧盟委员会对各欧盟成员国收集污染物排放与转移信息的组织作用，以及各成员国收集相关信息的义务。1998年，在国际会计和报告标准政府间专家工作组会议上，专家们就《企业环境会计和报告》进行了讨论。这份报告主要包含两部分内容：第一部分是探讨实现环境绩效与财务绩效的有效结合，主要分析了传统会计模式以及会计操作流程相对于环境会计的局限，会议讨论并提出建议企业在会计年报中披露环境业绩；第二部分是一些关于环境会计和环境报告方面的理论知识的文件。经与会专家确认，最后一致认为这份文件对环境会计的概念和操作流程叙述详细，对以后全球各个国家和地区的环境会计研究、环境信息披露的实施以及各国的环境治理工作能够起到一定的指导作用。1999年，日本政府要求企业提交环境治理报告书，并于2000年发布《环境会计指南》，提出环境报告的基本框架。同年，欧盟委员会发布了《关于实行欧洲污染物排放登记的决定》。根据此项决议，欧盟委员会各成员国必须每三年

（鼓励一年一报）向欧盟委员会通报任何向空气和水中进行的污染物排放，包括国内总量和来自每一个污染源的污染种类和排污量。对主要排放物和污染源有具体要求，编制了术语表提供各成员国统一适用，为各成员国对企业的环境信息登记制度建构提供了统一范本。此决议的三个附件分别为污染物列表、成员国排放报告表格、污染源种类和阈值。2005 年，日本政府制订的《环境会计指南（2005）》，明确提出了环境会计的框架。2006 年，欧盟委员会发布了《关于欧盟委员会建立污染物释放与转移登记的条例》，要求企业须每年向政府有关部门报告相关信息，而成员国对欧盟委员会的报告仍是每三年一报。要求报告的污染物种类进一步扩大，除涉及原有的水、大气污染物外，还包括土地、集中处理的废物和发散源污染物，共计 91 种污染物。此外，该条例进一步完善了相关的制度体系，如公众可免费获取信息，对商业秘密的等级豁免、公众参与等有具体规定。而且该条例在对信息的真实性要求上也作出了具体规定。如经营者应当担保数据的真实有效；成员国的主管部门应当履行检查的义务，必须对违法行为规定相关的惩罚措施，如罚款、监禁等。

不难发现，国外的环境管制和报告制度起步较早，政府和国际组织在探索企业环境信息披露方面起着重要作用，国际组织的作用更为突出。制度内容涉及面广，对国家层面和企业层面均作出了具体规定，为我国环境管制制度的发展提供了指导和帮助。

3.1.2　我国环境信息披露的制度变迁

我国的环境信息披露制度从无到有，从政府强制披露到企业自愿与强制相结合的披露，从只注重披露积极的环境信息到全面披露企业的环境信息，大致经历了四个阶段。

起步阶段（2001 年以前）。此阶段中，我国通过了《中华人民共和国环境保护法》《中华人民共和国大气污染防治法》《中华人民共和国水污染防治法》等环保法律，但令人遗憾的是，这些法律几乎没有提及对企业披露环境信息的要求。在这一阶段，财政部牵头于 1994 年出台了《关于企业所得税若干优惠政策的通知》，1995 年颁布了《关于充分发挥财政职能，进一步加强环境保护工作的通知》，1996 年公布了《关于继续对部分综合利用产品等实行增值税优惠政策的通知》等法规文件，这些法规文件规定了对保护环境的行为主体给予税收优惠，鼓励、引导企业履行环境治理的义务，优化生产效率，逐步淘汰高污染、高耗能的设备和生产线，并未对企业进行环境信息披露作出强制性规定。这一阶段的特点是制度上并不要求企业公开环境信息，利益相关者无法及时了解企业环境治理方面的信息，不能进行有效的监督，使企业引起的环境问题无法得到切实有效的改善。

发展阶段（2001~2005 年）。随着人们环保观念的不断加强，利益相关者对企业环境信息的需求也不断增强。政府也行动起来，制定相应的政策，强制要求企业公布一定的环境信息。2001~2005 年，政府和各有关部门制定了一些政策文件，如 2001 年，江苏省环境保护委员会发文规定：该省将逐步对省内企业强制推行环境信息公开披露的制度。2002 年，全国人民代表大会常务委员会颁布的《中华人民共和国清洁生产促进法》（2012 年修订）规定：逐步建立企业环境信息公开制度，环境保护部门可以在媒体上曝光污染严重的企业。2003 年，国家环保总局颁发了《关于企业环境信息公开的公告》，要求各地市环保部门应形成日常监督及报告机制，对污染严重的企业定期向公众报告。2004 年，重庆、安徽等 5 个试点地区以江苏为参考范本，综合评价了本区域内的环境状况。经过各试点地区的实践，在一定程度上积累了环境信息公开的经验。因此，2005 年，国家环保总局颁布了《关于加快推进企业环境行为评价工作的意见》，基于对试点地区环境报告的评价，对优秀企业的经验在全国范围内广泛宣传推介。同年，国务院发布《国务院关于落实科学发展观加强环境保护的决定》，该决定中对"公示"制度予以明确，并强制规定："凡关乎公众环境权益的发展规划和建设项目，需采用听证会、论证会或社会公示等形式，履行社会监督职责。"这一阶段的特点是政府强制要求企业及时公布环境信息，尤其是存在环境问题、发生污染事件的企业需要及时将环境问题的处理情况公布于众。环境信息披露的主体以污染严重或环境治理不达标的企业为主。

成长阶段（2006~2011年）。2006年，深圳证券交易所发布文件《深交所上市公司社会责任指引》，提议企业定期公布其社会责任报告。同年，中国证券监督管理委员会发布专文，倡议国内上市公司在首次公开募股（IPO）环节的文件中，增加披露与环境安全和环境改进等相关的信息。与深交所相关规定相似，证监会未对其他与环境事项相关的信息披露作出额外的规范。2006年，与国际接轨和趋同的《新企业会计准则》颁布，有关环境信息披露的内容首次在会计准则中出现。《新企业会计准则》要求针对不同环境污染事项在会计确认、计量及报告中分别予以反映，使得环境信息与财务会计结合起来。2008年，在全球金融危机的刺激下，上海证券交易所发布了《上交所上市公司环境信息披露指引》文件，文件规定："凡发生与环境保护或环境治理相关的、且对上市公司影响重大的事项，上市公司应自相关事项发生之日起的2日内，向利益相关者披露该事项及其影响。"2009年，上海证券交易所颁发了《内控报告和社会责任报告的编制和审议指引》，该指引明确提出，上市公司必须编制社会责任报告，且要求在编制过程中应重点关注上市公司在改善环境治理和有效防范环境污染所做努力及成果，但该文件重点阐述了对产生正面效应的环境信息披露，对负面、消极影响的环境信息则未予提及。2010 年，环保部发布了《上市公司环境信息披露指南》（征求意见稿），意见稿中将上市公司划分为重污染型上市公司与非重污染型上市公司，对于重污染型上市公司，应发布年度环境报告，并在报告中强制披露相关环境事项及信息，而对于非重污染型上市公司，则鼓励其披露年度环境报告。2011 年，环保部要求推进上市公司环境信息披露，发布《企业环境报告书编制导则》。可见，这一阶段政策发布密集，是我国环境信息披露制度完善的关键阶段，证券监管部门如证监会、上交所、深交所等开始积极制定政策规范上市公司环境信息披露的行为并推进其实施。

成熟阶段（2012 年至今）。2012 年，党的十八大报告将生态文明建设放在了突出地位，推向了国家战略高度，与环境相关的制度建设进入了"快车道"。与此同时，与企业环境信息披露的制度也日趋丰富。2012 年，证监会发布《公开发行证券的公司信息披露内容与格式准则第 2 号——年度报告的内容与格式（2012 年修订）》的公告，明确规定，针对上市公司年度报告，属于国家环境保护部门规定的重污染行业的上市公司及其子公司，应当按照《清洁生产促进法》《环境信息公开办法（试行）》的相关规定披露报告期内发生的重大环境问题及整改情况、主要污染物达标排放情况、企业环保设施的建设和运行情况、环境污染事故应急预案以及同行业环保参数比较等环境信息。2013 年，环保部、发展改革委员会、人民银行、银监会共同发布关于《企业环境信用评价办法（试行）》的通知，明确指出，企业环境信用的评价结果需要及时公布，实现信息共享。2013 年，环保部发布关于《国家生态文明建设试点示范区指标（试行）》的通知，通知要求各地政府、区域的环境安全监管责任和企业环境安全主体责任需要有效落实，并及时公布。2014 年，环保部发布关于《国家重点监控企业自行监测及信息公开办法（试行）》，通知规定，企业应当将自行监测污染排放工作开展情况及监测结果向社会公众公开。同年，环保部发布《关于改革调整上市环保核查工作制度的通知》，通知要求，为加快推进环境治理体系和治理能力现代化，充分利用市场手段和信息公开途径，进一步强化上市公司和企业的环境保护主体责任，决定停止受理及开展上市环保核查，未来进一步督促上市公司切实承担环境保护社会责任，加大对企业环境监管信息公开力度。通知还指出，上市公司作为公众公司，应当严格遵守各项环保法律法规，建立环境管理体系，完善环境管理制度，实施清洁生产，持续改进环境表现。上市公司应按照有关法律要求及时、完整、真实、准确地公开环境信息，并按《企业环境报告书编制导则》定期发布企业环境报告书。此后的 2015 年和 2016 年，环保部、证监会等相关部门，相继在前述文件的基础上发布了修订版文件。这一阶段，环境信息披露的制度立法层次较高，制度文件发布较密集，且在披露方法、披露内容、披露时间上都作了较为一致的规定。同时，政府越来越将环境信息披露的主动权交给企业，增强了环境信息披露的可操作性和披露成效。

我国环境披露的主要相关制度文件如表 3 - 1 所示。

表 3 - 1　　　　　　　我国环境信息披露的相关制度

年份	发文单位	文件名
2001	国家环保总局	《关于做好上市公司环保情况核查工作的通知》
2002	全国人民代表大会	《中华人民共和国清洁生产促进法》
2003	环保总局	《关于企业环境信息公开的公告》
2005	环保总局	《关于加快推进企业环境行为评价工作的意见》
2006	深交所	《上市公司社会责任指引》
2007	环保总局	《关于进一步规范重污染行业生产经营公司申请上市或再融资环境保护核查工作的通知》
2008	上交所	《上市公司环境信息披露指引》
2009	上交所	《内控报告和社会责任报告的编制和审议指引》
2010	环保部	《上市公司环境信息披露指南（征求意见稿）》

年份	发文单位	文件名
2011	环保部	《企业环境报告书编制导则》
2012	证监会	《公开发行证券的公司信息披露内容与格式准则第 2 号——年度报告的内容与格式（2012 年修订)》
2013	环保部、发展改革委员会等	《企业环境信用评价办法（试行)》
2013	环保部	《国家生态文明建设试点示范区指标（试行)》
2014	环保部	《国家重点监控企业自行监测及信息公开办法（试行)》
2014	环保部	《关于改革调整上市环保核查工作制度的通知》
2015	环保部	《关于加强企业环境信用体系建设的指导意见》

3.2 环境信息披露的现状

3.2.1 环境信息披露的主体

环境信息披露的主体是企业。伴随着 2008 年上交所的《上市公司环境信息披露指引》、2010 年环保部的《上市公司环境信息披露指南（征求意见稿)》等相关制度政策的颁布与实施，这些政策鼓励企业披露与环境活动相关的信息，同时强制要求重污染企业履行环境会计信息披露的法定义务，因此，我国进行环境信息披露的企业主要集中在重污染行业上市公司。

3.2.2 环境信息披露的载体

环境信息披露载体是多样化的，可通过正式报告的形式，也可以通过在网站发布公告等形式，或者两种形式结合使用。企业披露环境信息的正式报告包括董事会、监事会报告、会计报告附注、独立报告等，其中，独立报告主要有社会责任报告、环境报告、可持续发展报告等，且环境报告披露的环境信息更加全面和规范。我国环境信息披露制度尚未就披露载体作出严格规定，参照 2008 年上交所的《上市公司环境信息披露指引》及 2012 年证监会《公开发行证券的公司信息披露内容与格式准则第 2 号——年度报告的内容与格式（2012 年修订)》中的规定，上市公司可以根据自身需要，在公司年度社会责任报告中披露环境信息，或在年报附注中列入一项上市公司是否属于环保部规定的重污染行业。被环保部列入重污染行业的上市公司应当披露主要污染物情况、环保设施情况、环境污染事故应急预案以及公司为减少污染物排放所采取的措施及后续工作安排等环境信息。

现阶段，我国上市公司环境信息披露的载体主要是企业年度报告和企业社会责任报告，少数企业发布企业可持续发展报告、企业环境报告。环保部所示的重污染行业 A 股上市公司 2013～2015 年环境信息披露载体的统计分布如图 3－1 所示。

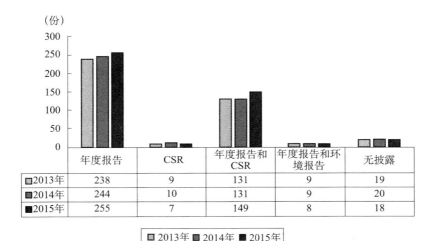

图 3－1　2013～2015 年重污染行业环境信息披露载体分布

资料来源：巨潮资讯网 2013～2015 年披露的上市公司公告，经笔者加工整理。

从图 3 - 1 中可以看出，2013 ~ 2015 年重污染行业 A 股的上市公司中对外报告共计 1 257 份，2013 年 406 份，2014 年 414 份，2015 年 437 份，其中，含有环境信息的报告共计 1 200 份，以年度报告为披露载体的 737 份，以社会责任报告（CSR）为披露载体的 26 份，以年度报告和 CSR 报告共同作为披露载体的 411 份，以年度报告和环境报告共同作为披露载体的 26 份。三年间，环境信息披露情况较为稳定，A 股重污染行业上市公司的环境信息披露主要以年度报告单一披露载体为主，也会选择公司年报和社会责任报告同时披露环境信息，极少数企业会选择环境报告作为披露主体。

3.2.3　环境信息披露的内容

按照环境信息披露形式的不同，环境信息可以划分为文字型的定性表述和实物计量及货币计量的定量表述。现有的环境信息披露，以混合型信息披露居多，即采用定性表述和定量分析两大类相结合的方式予以披露。就具体的披露内容来说，国际会计准则委员会建议披露的环境信息包括：硫化物、二氧化碳等排放、污水排放、材料等投入、能源、水、电力、燃气、石油、能源使用效率、材料利用率、设备利用率、节约成本、为达到环保要求的支出、罚款、缴费。全球报告倡议组织提议披露的内容包括：企业总能量、总电量、总燃料、总水量、排入大气的各类废弃物、排入水中的各类废弃物等。日本的《环境会计指南（2005 年版）》规定：企业应当将废弃物总排放减少量、能源、资源使用减少量、大气污染、噪声、水污染减少量及废水、废气、固体废弃物的再循环利用率予以对外披露。

在我国，2003 年颁布的《国家环境友好企业指标解释》建议：披露企业单位产品综合能耗、单位产品水耗、"三同时"制度①是否切实执行、环保设施使用情况、固体废弃物的排放是否符合标准、产品是否通过安全质量管理体系认证、产品是否通过环境质量管理体系认证等。2006 年实施的《企业环境行为评价技术指南》列出的企业环境行为评价指标体系由以下三部分构成：第一，污染排放指标，主要从地表水、大气、固体废物和厂界噪声四个环境要素来考察企业污染行为。针对地表水和大气环境要素，分别从浓度排放和总量控制要求两个方面来分析和评价，并选取了多个评价因子评价企业的环境情况，包括化学需氧量、石油类、氰化物、砷、汞、铅、镉、六价铬、氨氮、烟尘、工业粉尘、二氧化硫、工业固体废物，指标值须采用企业环境统计数据（以避免数出多门）。第二，环境管理指标，主要从企业内部的环境管理角度来评判企业的环境行为，其内容包括落实环境管理的基本要求、清洁生产审核和环境管理体系认证（ISO 14001 认证）情况，其中环境管理基本要求包括如下六个方面：按期缴纳排污费；按期进行排污申报；按期、如实填报环境统计资料；排污口的规范化管理；建设项目符合规定程序和实行"三同时"；落实企业环保人员、环保机构及环保管理制度情况。第三，社会影响指标，主要从社会影响来考察企业环境行为，包括公众的投诉情况、突发环境事件（分为一般环境事件、较大环境事件、重大环境事件和特别重大环境事件）、环境违法及行政处罚情况。2008 年，环保部颁布的《环境信息公开办法（试行）》中建议企业披露：企业环境保护方针、目标及成效；资源消耗；环保投资和创新；

---

① "三同时"制度是指一切新建、改建和扩建的基本建设项目、技术改造项目、自然开发项目，以及可能对环境造成污染和破坏的其他工程建设项目，其中，防治污染和其他公害的设施和其他环境保护设施，必须与主体工程同时设计、同时施工、同时投产使用的制度。

污染物排放情况；环保设施运行情况；废物再利用情况；环保协议；社会责任的履行；其他环境信息。2016 年 12 月，国家发改委、统计局、环保部、中央组织部联合发布《绿色发展指标体系》和《生态文明建设考核目标体系》的建议：从资源利用、环境治理、环境质量、生态保护及增长质量、绿色生活及公众满意度 7 个一级指标入手，下设 56 个二级指标，通过对二级指标的加权平均，得到对全国分地区的生态文明建设的指数值，数据来源于各地区各部门的年度统计。我们借助表 3 - 2，进一步对比国内外在环境信息披露内容上的差别。

表 3 - 2　　　　　　　　国内外环境信息披露内容对比

维度	披露内容	国外				中国		
		1996 ~ 2000 年	2001 ~ 2005 年	2006 ~ 2010 年	2011 ~ 2016 年	2004 ~ 2006 年	2008 ~ 2010 年	2011 ~ 2016 年
环境治理	环保支出	√	√	√	√	√	√	√
	环境诉讼	√	√	√	√			
	污染治理	√	√	√	√	√		
	环保奖励	√	√	√	√			
	法律遵守		√	√			√	√
	罚款		√	√	√			√
预防	是否单独披露	√	√	√			√	√
	未来计划	√	√	√				√
	预计成本		√	√	√			√
	具体环境政策		√		√	√	√	√
	环境责任主体		√					
	环境审计			√			√	
	环境风险			√				√
	利益相关者			√	√			
	环境战略			√	√		√	√
合法性	环境认证			√	√		√	√
	GRI 指标体系			√	√		√	√
	UNEP 指标			√				

资料来源：张秀敏，汪瑾，薛宁，等．语义分析方法在企业环境信息披露研究中的应用［J］．会计研究，2016（1）：87 - 94.

3.2.4　环境信息披露的评价

我国学者积极着手进行企业环境信息披露水平的评价，并尝试建立合适的评价体系。通过梳理我们发现，环境信息披露评价是以王建明、沈洪涛、毕茜、曾赛星等为代表的学者建立的评价体系为主导（见表3-3）。

表3-3　　　　　　　　　　环境信息披露评价现状

研究者	维度	方法	主要指标	代表文献
王建明 黄珺等	相关性 可靠性 可比性 充分披露 明晰性	问卷 调查法	企业环境政策信息，企业环境责任信息，企业环境保护信息，企业环境信息的质量控制，遵循统一的信息产生的制度，企业特殊环境信息的补充披露，明晰易读	王建明（2008）； 黄珺和周春娜 （2012）
沈洪涛等	方针目标 污染排放 环境管理 社会影响	内容 分析法	年度资源消耗量，排放污染物种类、数量、浓度和去向，固废物处置与利用，环保费用化支出，环境管理体系认证，环境违法行为，行政处罚情况	沈洪涛和冯杰 （2012）；沈洪涛等 （2014）；姚圣等 （2016）
毕茜等 武恒光等	披露载体 环境管理 环境成本 环境负债 环境投资 环境融资 环境业绩 政府监管	内容 分析法	工业固体废弃物产生量，环境保护总投资额，研发费用支出，与环保相关的政府拨款、财政补贴等，有关环境保护的贷款，其他融资渠道，废水排放达标率，工业固体废物综合利用率，综合能耗下降情况，环境认证，"三同时"制度执行情况	毕茜等（2012， 2015）；武恒光和 王守海（2016）
曾赛星等 孟晓华等	环境自觉 和责任 环境管理 投资环境 保护的技术 实施其他与 环境有关的 信息	内容 分析法	企业环保投资和创新，与环保有关的政府拨款、财政补贴和税收减免，废物的处理、处置以及废弃产品的回收、综合利用情况，ISO环境体系的相关信息和责任体系认证，企业环境设施的建设、运行及污染物的排放情况，政府环境保护政策对企业运营的影响，与企业环保有关的贷款，环保相关的诉讼、补偿、处罚与奖励等，企业的环境保护方针、年度环境保护目标及成效；其他与环保有关的信息	S. X. Zeng et al. （2010，2012）； X. H. Meng et al. （2013a，2013b）； 孟晓华等（2012）； 肖华等（2016）

　　王建明（2008）从会计信息的质量特征出发，从环境信息披露是否具有相关性、可靠性、可比性、明晰性、是否充分披露五个维度来对 2006 年沪市 A 股上市公司 727 份年报中的环境信息进行打分。此后，黄珺和周春娜（2012）等均采用此种评价体系来定量评价环境信息披露水平。沈洪涛和冯杰（2012）、沈洪涛等（2014）及姚圣等（2016）以环境信息披露为切入点，依据原国家环保总局 2006 年发布的《企业环境行为评价技术指南》及 2008 年颁布的《环境信息公开办法（试行）》，从企业环境保护方针、年度环境保护目标及成效；企业年度资源消耗总量；企业环保投资和环境技术开发情况、企业环保设施的建设和运行情况；企业排放污染物种类、数量、浓度和去向，企业在生产过程中产生的废物处理、处置情况、废弃产品的回收、综合利用情况；环保的费用化支出及其他六方面对 2008~2010 年重污染行业 A 股上市企业的 483 份年报进行分析，通过双人独立评分进行环境信息披露质量的评价，并将年报中与环境信息披露内容相关的行数作为环境信息披露数量的评价指标。毕茜等（2012，2015）根据 2008 年国家环保总局颁布的《环境信息公开办法（试行）》，2008 年上交所公布的《上市公司环境信息披露指引》及 2010 年《上市公司环境信息披露指南》（征求意见稿），将公司所披露的环境信息分为七部分，即披露载体、环境管理、环境成本、环境负债、环境投资、环境业绩与环境治理、政府监管与机构认证，并通过打分获得上交所和深交所 2006~2010 年上市的重污染行业上市公司 582 家共 2 910 份环境数据。在毕茜等（2012）的研究中，增加了对环境信息披露载体的评价，环境信息披露研究不再仅限于年报，而是拓展到对社会责任报告的分析。此后，武恒光和王守海（2016）借鉴了毕茜等（2012，2015）的评价体系，并在上述七个维度的基础上新增了一个环境融资维度，将企业与环境保护相关的融资信息纳入现有的评价体系当中，进一步完善了环境信息披露的评价。除上述三种有代表性的评价体系外，曾赛星等（S. X. Zeng et al.，2010，2012），孟晓华等（X. H. Meng et al.，2013a，2013b）及肖华等（H. Xiao et al.，2016）也依据 2008 年国家环保总局颁布的《环境信息公开办法（试行）》、2008 年上交所公布的《上市公司环境信息披露指引》，从环境自觉和责任、环境管理投资、环境保护的技术实施和其他与环境有关的信息这四个维度对环境信息披露水平予以评价。相对于前面几种评价体系，该种评价体系并未给出具体的评价指标，仅通过内容分析法对罗列出的十个与年报和社会责任报告中环境信息相关的测量条目进行评价。通过对比曾赛星等（S. X. Zeng et al.，2010，2012）和孟晓华等（X. H. Meng et al.，2013a，2013b）所提出的测量条目，肖华等（H. Xiao et al.，2016）的评价指标与他们的评价指标基本一致。

可见，环境信息披露的评价体系尚没有统一标准，不同学者根据各自的研究需求提出相应的评价体系，从而进行定量研究。虽然各种评价体系的设计维度有一定的差异性，但其在依据的标准和具体指标的选取上具有一致性，且不同的评价体系之间其实是一个不断改进的过程。换言之，在现有评价体系的基础上，我们有必要建立一个更为全面和统一的环境信息披露评价体系，以对未来的环境信息定量研究提供一个一致性的标准体系。

3.3　企业生态效率的测度体系

3.3.1　测度路径

构建恰当的测度体系，首先需要从企业经营战略的角度出发，思考企业生态效率需要测度哪些维度，企业生态效率的测度需要以战略管理理论为依据。首先企业确定其以可持续发展为使命，根据组织外部环境和内部条件设定企业的生态效率改善目标，为保证目标的正确落实和实现进度谋划，并依靠企业内部能力将这种谋划和决策付诸实施，以及在实施过程中进行控制的一个动态管理过程，并及时将企业生态效率改善的效果进行信息公开，以期望获得利益相关者对企业积极地评价。进一步地，正如前面所述，本书在借鉴姆汗等（2016）、布希等（Bushee B. J. et al.，2018）及西塞蒂和特努奇（PSizeti E. & Tenucci A.，2016）中企业生态效率的测度方法，并结合上述我国环境信息现状，将从生态保护意识、企业生态效率过程、企业生态效率信息披露及合法性四个维度来综合测度企业生态效率。也就是说，企业生态效率的改善，需要主动出击，事前发力，因此，本书将第一维度设计为考察企业是否具有充分的生态保护意识，将生态效率管理过程设计为第二维度，信息对外披露设计为第三维度，同时基于组织合法性理论，将合法性设计为评价的第四维度。

第一维度为生态保护意识。如前面研究背景中所提及的，伴随着全球化进程的加快，环境保护的意识已经深入人心，无论是制度层面的要求，还是为企业自身利益着想，企业都要认真对待自己的环境表现。良好的生态保护意识可以为企业带来良好的声誉和社会形象，形成特有的竞争优势。因此，对企业生态效率测度首先从判断该企业的生态保护意识入手。该维度下细分出五个项目：组织结构、环保政策、环保教育、环境认证、供应链。前三个项目是针对企业内部层次的，寻找披露的信息中是否包含有企业设有相应的环保部门、建立恰当的环保政策、定期的员工环保教育等内容，从而判断企业在组织架构当中有无环保意识。同时，本书将企业是否具有相关的环境认证也视为是判断企业环保意识的一项内容，现有研究中，周守华等（S. H. Zhou et al.，

2015）将企业是否通过环境认证，如 ISO 14001 体系认证，作为评价企业生态效率虚拟变量，认为通过第三方环境体系的认证意味着企业生态效率好，否则视为不好。事实上，企业是否积极通过第三方环境相关体系认证能够很好地体现企业对待环境的态度，故本书将环境认证的与否列入生态保护意识维度里。在此基础上，本书提出一个新的评价内容——供应链。在现代市场经济中，供应链与供应链之间的竞争被认为是市场竞争的本质（Saei-di S. P. et al. ，2015）。相应的，生态保护行为也开始从个别企业扩展至整条供应链，供应链上各个企业作为利益共同体，只要其中任何一个企业出现不良的环境表现，都可能引发供应链风险，导致整条供应链危机（黄伟和陈钊，2015）。因此，在测度企业的生态效率时，需要考虑该企业所在的供应链上下游企业的生态效率情况，鼓励和促进供应链上的企业均采用改善生态效率的相关政策，并对其实施适当的监督。目前，供应链生态效率监督的主要方式是审核供应商企业是否符合其生态效率改善政策的要求，如果供应商拒不遵从标准要求，则可能受到终止合同的惩罚。本书参照公众环境研究中心（Institute of Public and Environmental Affairs，IPE）[①] 中关于绿色供应链的评价方法，分别从合规性和节能减排等方面考察企业供应链上的生态效率情况。具体来说，企业进行供应商选择时，除了考虑价格、历史合作关系等一般要素外，还需要考察供应商的绿色环保合规性信息，包括环境认证、环保方面的政府监管或违法记录以及供应商披露的能

---

① 公众环境研究中心（Institute of Public and Environmental Affairs，IPE）是一家在北京注册的非营利环境保护机构。自 2006 年 6 月成立以来，IPE 致力于收集、整理和分析政府和企业公开的环境信息，搭建环境信息数据库和污染地图网站、蔚蓝地图 APP 两个应用平台，整合环境数据服务于绿色采购、绿色金融和政府环境决策，通过企业、政府、公益组织、研究机构等多方合力，撬动大批企业实现环保转型，促进环境信息公开和环境治理机制的完善。

源、气候变化、污染物排放转移数据。我们认为，当企业关注供应商的生态效率情况时，说明该企业提高生态效率的意识强，能够从源头（原材料）就注重生态效率的改善，因此将供应链的生态效率情况纳入第一维度。需要指出的是，由于供应链下游企业的生态效率情况不易观察，故本书主要考察供应链上游企业供应商的生态效率情况。

第二维度为生态效率管理过程。企业生态效率的管理理念需要贯彻到企业的各项活动中去，包括经营活动、投资活动和融资活动等。经营活动中的生态效率管理可细分为生态效率的表现和生态效率的改善两方面，生态效率的表现主要是对企业生产经营过程中产生的污染物、能耗、环保设备运行等情况的评价，而生态效率的治理主要是对企业生产经营过程中污染物的减排、能耗下降情况等的评价，反映企业开展环境治理的效果；投资活动中的生态效率管理主要涉及企业的环保投资、绿色研发等活动；筹资活动中的生态效率管理主要涉及企业获得与环境相关的税收优惠、政府补贴和贷款等情况。

第三维度为生态效率信息披露。本维度主要是针对披露载体而言，以越重要的载体形式（如公司年报）公布环境信息，越能说明企业对环境问题的重视程度及环境信息的重要性，这是现有评价体系中都会涉及的一项内容。

第四维度为合法性。现代组织理论表明，组织必须满足合法性要求，在制度边界范围内开展各项活动，因此，在第四维度中将重点考察企业的合法性。一方面评价遵守相关的法律法规的积极面，如受到表扬和奖励等情况，另一方面评价消极面，如违法违规受到处罚等情况。

为了清晰表述生态效率测度的维度和内容，图 3-2 展示了环境信息评价的路径。图 3-2 中的第一层次是测度维度，如前面所述的四项；第二层次是测度内容，具体内容有组织结构、环境认证、环保政策、环保教育、供应链、生态效率表现、生态效率治理、绿色投资、绿色融资、披露载体、政府监督、违法记录等；第三层次是测度指标，这是测度体系的核心内容。选择合适恰当的测度指标，才能得到真实准确的测度结果，下面将详细说明第三层次中指标的选择。

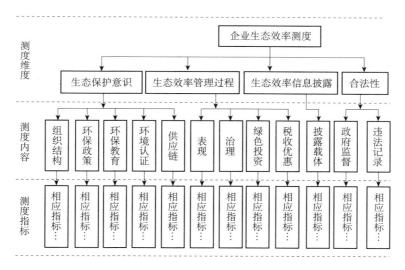

图 3 - 2　企业生态效率测度路径

3.3.2　测度内容及具体测度指标

　　生态保护意识下，评价组织结构情况的指标是企业是否设立专门的环保部门和是否建立相应的环保规章制度。评价环保政策的指标是企业是否具有长期性的环保战略目标，该指标主要看企业对外披露的报告中，提及战略规划内容时，是否考虑到环境保护问题、是否将环保纳入企业的长期战略层面、制定相应的政策，这关系到企业长期发展过程中对待环境问题的意识和态度。

评价环保教育情况的指标有两个：第一，企业是否开展环境污染事故的应急演练，是否对员工进行环保教育培训和开展相关的环保活动如植树活动等。该指标能够反映企业员工参与环境保护的情况，说明企业环保意识不是纸上谈兵，而是实践出来的。第二，企业是否开展与生态绿化相关举措，如恢复生态植被、植树、改善工作场地生态绿化环境等。评价环境认证情况的指标分设两个：一是企业是否获得第三方认证，如 ISO 系列认证、GB/T 能源体系认证等；二是企业是否获得国家授予的"环境友好企业""两型企业"或省级层面授予的环境友好称号。这两个指标从第三方视角评估企业的环保状态，具有一定的客观性。评价供应链情况的指标有供应商是否取得环保称号以及提供的原材料是否具有绿色环保标志及供应商是否披露节能减排方面的信息。本指标重点考察供应链上游环节，而供应链下游环节不易于观察，故目前尚未考虑在内。

生态效率管理过程下，评价生态效率表现的指标分设有：排污费；绿化费；万元 GDP 能耗/万元产值能耗/万元综合能耗；总耗水量；总耗电量；能源消耗总量；废水排放总量；二氧化硫排放量；二氧化碳排放量；烟尘和粉尘排放量；工业固体废弃物排放量；环保设备运行情况。该各指标涵盖了生产过程中的各类资源消耗和污染物排放的情况。评价生态效率治理的指标分设有：清洁生产；水资源利用率；固体废弃物利用率；能耗降耗情况；二氧化硫/二氧化碳/化学需氧量/烟尘/废水减排量；余热余能发电量；节水量；节电量。该各指标涵盖了清洁生产过程中资源节约和污染物减排以及循环利用情况，反映出企业在环境治理中的成效。评价绿色投资的指标分设有：环保投资情况；环境技术相关研发投入。该各指标反映出企业在进行环境投资时不仅要出钱，同时要出力，加大在研发创新上对环境保护的力度。评价融资的指标分设有：与环保相关的政府拨款、财政补贴，税收减免等；与环境保护相关的贷款。该各指标反映企业获得的与环保相关的融资。

生态效率信息披露载体下，本书将披露载体分为公司年报、企业社会责任报告/企业可持续发展报告、企业环境报告。

合法性下，评价政府监督内容的指标有：是否遵循"三同时"制度/行业标准执行；是否获取排污许可证/排污权；是否通过环保核查/清洁生产检查；是否获得环保荣誉奖励。该各类指标反映企业通过政府等相关部门监管的情况。

3.3.3　测度指标的赋值标准

在测度体系建立后，如何对各个指标进行赋值，尤其是将披露的文字信息合理恰当地转换为数字信息呢？这对环境信息的有效使用至关重要。下文将对上述测度指标的赋值标准进行详细解释。现有研究中采用的赋值标准主要有下述几种。

0～1赋值标准。即文本信息如果符合选定指标的描述性内容计分为1，反之计分为0。该方法下各指标的权重相等，不会反映各指标间的差异。弗拉默（Flammer C.，2015）、布赫和弗里德曼（Buhr & Freedman，2001）、赫曼和休斯（Halme & Huse，1997）的研究中均采用了0～1赋值方法。该方法能够直观反映披露内容的有无，尤其是可更加直观地了解企业是否切实披露了政策法规所规定的披露条目。但是该法下可能会造成一些定量性信息的丢失，无法充分体现披露信息的具体内容。因此，0～1赋值法常与其他赋值方法同时使用。

数量赋值标准。即根据文本信息的单词、句子或篇幅等数量作为计量依据，不涉及文本的具体内容。诺伊等（Neu et al.，1998）、高等（Gao S. S. et al.，2005）依据年报或CSR报告中企业环境的词频来计量企业的环境状况。赵和帕滕（Cho C. H. & Patten D. M.，2007）、维利尔斯和斯塔登（Villiers & Staden，2011）在探究企业选择环境信息披露的方式时，以句子的频数作为赋值标准。沈洪涛等（2014）以年报的行数作为赋值标准。需要留意的是，此方法下，得分高并不代表质优（Gao S. S. et al.，2005），因此该方法很少单独使用。

质量赋值标准。即根据文本信息的具体内容，考虑到相关性、有用性、货币性等进行赋值。休斯等（Hughes et al.，2001）、阿尔茨等（Aerts et al.，2008）、倪和范甘特（Ni A. & Van Wart M.，2015）、郭秀珍（2013）、林斯等（Lins K. V. et al.，2017）的研究中，根据报告的详略程度进行赋值；陈等（Cheng B. et al.，2014）以货币化、数字化和单纯的定性信息分别赋值；王建明（2008）依据不同环境信息的披露条目进行赋值并设定不同的权重以示区别各指标的重要程度。该方法对文本信息的掌握提出了更高层次的要求，并对货币性信息单独赋值，更具有参考价值。不足之处是，工作量大，且存在一定风险，例如，当企业披露的条目和数量大，并不能保证企业言行一致，因此这就可能存在赋值分数高，但实际情况并不如文本信息披露的好的情况（Clarkson et al.，2008）。

综合性赋值标准。顾名思义，综合性赋值标准是将上述几种方式综合起来共同对评价指标进行赋值。图瓦吉里等（Al-Tuwaijri et al.，2004）、克拉克森等（Clarkson et al.，2008）、伊克迪斯（Iatridis，2013）、沈洪涛和冯杰（2012）、沈洪涛等（2014）、武恒光和王守海（2016）等都采用综合上述多种方法来对评价指标进行赋值。综合法一定程度上克服了单个方法的局限性，所得到的环境信息披露水平更具代表性。

上述各种不同赋值标准是在不断深入和完善的，研究者对不同的赋值标准进行了敏感性分析。帕滕（Patten，2002，2005）、德维利尔斯和范斯塔登（De Villiers & Van Staden，2011）及范斯塔登和胡克斯（Van Staden & Hooks，2007；2011）对相同的样本采用数量和质量标准进行赋值，弗里德曼和贾吉（Freedman & Jaggi，2005）、弗里德曼和斯塔利亚诺（Freedman & Stagliano，2008）及范斯塔登和胡克斯（2007，2011）对相同样本采用"0~1"和质量标准赋值，发现不同的赋值标准下的检验结果是一致的，没有重大差异。但约瑟夫和塔普林（Joseph & Taplin，2011）却得到不一样的结论，发现数量赋值标准检验的结果显著性更低，认为数量赋值不够准确。

因此，本书选择综合性赋值标准，即将"0~1"赋值标准和质量性赋值标准相结合对选取的生态效率测度指标进行赋值。但是，我们也不得不承认，无论哪种赋值标准，在赋值的过程中难以避免存在一定的人为主观性。具体赋值方法是，第一维度生态保护意识中，各指标的赋值标准为"是"赋值为 1 分，即从企业对外披露的环境信息中有符合指标描述内容，"否"赋值为 0 分，即从企业对外披露的环境信息中没有符合指标描述内容。例如，当企业社会责任报告中的供应商关系内容中提到"供应商均通过 ISO 14001 环境质量体系认证"，则对"供应链"下的"供应商是否取得环保认证"这一指标赋值为 1。第二维度生态效率管理过程中，各类指标的赋值标准为上述内容出现在企业对外披露的信息中，若以货币性定量描述则赋值为 3，若以非货币性的定量描述则赋值为 2，若以一般性的定性文字描述且没有提及定量内容的则赋值为 1，无描述或无实质性描述的则赋值为 0。例如，当企业的对外报告中披露内容仅是"今年比上年降低了二氧化硫排放量"则对"生态效率治理"下的"二氧化硫/二氧化碳/化学需氧量等减排"这一指标赋值为 1，当披露内容是"工业固体废物综合利用率为 95%"，则对"生态效率治理"下的"工业固体废物综合利用率"这一指标赋值为2，当披露内容是"全年节约水费约10万元"，则对"生态效率治理"下的"节水量"这一指标赋值为3。第三维度生态效率信息披露中，赋值标准是若通过公司年报方式披露则赋值为2，这是由于公司年报被公认为是企业信息披露最重要的一种载体方式；若通过企业社会责任报告或企业可持续发展报告方式报告则赋值为1；若通过独立的企业环境报告方式披露则赋值为2，这是出于独立的环境报告是专门针对环境信息进行披露的一种载体考虑，它比企业社会责任报告或可持续发展报告更具针对性。同时，若在多种载体上共同披露环境信息的，则将各载体赋值进行加总。例如，企业同时在公司年报和企业社会责任报告中都披露了环境信息，那么此时披露载体的赋值为3分，其他同理以此类推。第四维度合法性的评价中，1～3类指标的赋值标准为"是"赋值为1，"否"赋值为-1，没有提及则为0。评价违法记录的指标有：是否有重大环境污染事故；是否有环境方面的诉讼和罚款。上述指标的赋值标准为"是"赋值为-1，"否"赋值为0。此类赋值时出现了"-1"，是由于"-1"所涉及的评价内容已经违反法律法规或已造成恶劣影响了，属于企业生态效率的减分项。综上，企业生态效率测度体系整理如表3-4所示。

表3-4　　　　　　　　　企业生态效率测度体系

维度	内容	具体指标	赋值标准
生态保护意识	组织结构	是否设立环保部门、规章	是为1，否为0
	环保政策	是否有长期性环保战略目标	
	环境认证	是否通过ISO系列等认证 是否获得"环境友好企业"等称号	
	环保教育与活动	是否开展环保培训、演练等 是否进行生态绿化举措	
	供应链	供应商是否取得环保认证 供应商是否披露节能减排信息	

续表

维度	内容	具体指标	赋值标准
生态效率管理过程	生态效率表现	排污费、绿化费 万元 GDP 能耗/产值能耗等 总消耗水量 总耗电量 标准煤总量 废水排放总量 二氧化硫排放量 二氧化碳排放量 烟尘和粉尘排放量 工业固体废物产生量 环保设备运行情况	无描述为 0，一般性文字描述为 1，数量化但非货币性描述为 2，货币性描述为 3
	生态效率治理	清洁生产实施情况 废水排放达标率/循环率 工业固体废物综合利用率 综合能耗下降情况 二氧化硫/二氧化碳/化学需氧量等减排 余热余能发电量 节电量 节水量	
	绿色投资	环保投资 环境技术研发投入	
	环境融资	与环保相关的政府拨款、财政补贴，税收减免等 环保相关的贷款	
生态效率信息披露	披露载体	年报，企业社会责任报告/可持续发展报告，环境报告	年报为 2，CSR 为 1，环境报告为 2，同时披露加总计
合法性	政府监督	"三同时"制度执行情况 排污许可证等获取	合法的行为为 1，违法的行为为 -1，无披露计为 0
	违法记录	是否通过环保核查 是否有重大环保事故 是否有环保诉讼和惩罚	

3.4 企业生态效率的测度过程

——以重污染行业上市公司为例

3.4.1 样本选择

如前所述，重污染行业上市公司对企业生态效率的测度需求迫切，与非重污染行业上市公司相比，其环境相关的数据更丰富，故本章选择重污染行业 A 股上市公司作为测度的样本对象。本章参照 2010 年的《上市公司环境信息披露指南》（征求意见稿）中有关重污染行业界定，并结合中国证监会 2012 年上市公司行业分类指引下的二级分类名录，得到本章样本企业的最终行业分类。2012 年 11 月，党的十八大报告提出大力推进生态文明建设，指出经济社会发展必须与生态文明建设相协调。2015 年 9月，国务院出台了《生态文明体系改革总体方案》，要求将资源消耗、环境损耗、生态效益等指标纳入经济社会发展综合评价体系中来，并明确将生态文明建设的考核结果作为党政领导综合考核评价、干部奖惩任免的重要依据，故本章选择 2013～2015 年时间段，考察微观企业在推进生态文明建设方面的表现。为了保证研究结论的可靠性和准确性，本章研究剔除了 ST 公司和所选变量存在缺失值的样本。样本中企业生态效率的评分所需的对外报告来源于巨潮资讯网、上海证券交易所、深圳证券交易所网站及企业网站披露的样本企业年报、社会责任报告及环境报告等对外报告信息。

3.4.2 样本收集

样本企业生态效率的具体测度步骤主要有五步：第一步，先通过上海证券交易所、巨潮资讯网、深圳证券交易所和企业官网等网站收集样本企业2013～2015年公司年报、环境报告、社会责任报告及可持续发展报告等;第二步,对上述对外报告的文本,通过搜索如"重污染""环境""环保""可持续""生态""排污""补助""绿色"及"财务"等相关的关键词,锁定报告中与生态效率相关的事项;第三步,将检索到的各有关事项与表3-4的测度体系进行对照,并逐项打分;第四步,进一步通读样本企业的公司年报、环境报告和社会责任报告检查是否存在遗漏信息并进行补计分;第五步,将各项评分值进行汇总,最终得到企业生态效率测度值。在评分的过程中,本书采用双人独立评分的做法(沈洪涛和冯杰,2012;沈洪涛等,2014;姚圣等,2016),两名评分者在试评阶段的一致性达到90%以后才开始正式评分,两名评分者在正式评分中的差异交由第三人协调,并对最后得到的测度结果进行了信度检验,Cronbash's α 值在0.9以上,说明测度结果较为可信。

3.4.3 样本分析

参照前面的测度体系和评分标准,本书对2013～2015年度的437家重污染行业上市公司的生态效率进行了综合测度,得到1 257个测度值,具体情况分布如表3-5至表3-9及图3-3至图3-6所示。

表3-5显示了样本企业分行业的生态效率测度值情况。我们发现,样本企业的行业分布主要集中八类,其中,隶属于制造业中的石油、化工、塑胶、塑料业所占比例最大,约占样本企业中的45.54%;其次是隶属于制造业的金属、非金属业,约占样本企业的20.82%;再者是采掘业,约占样本企业的16.48%。同时,样本中国有企业和民营企业总体数量几乎是1∶1分布,仅制造业中石油、化学、塑胶、塑料业和造纸、印刷业,其民营企业

数量高于国有企业，其余行业中国企数量均略高于民企数量。进一步，依据表3－5的测度结果，绘制了图3－3。从图3－3中能够看出，2013～2015年，每个细分行业的企业生态效率均值基

表3－5　重污染上市公司企业生态效率测度值分布（分行业）

行业分类		企业数量（家）	所占比例（%）	民企（家）	国企（家）	2013年均值	2014年均值	2015年均值
采掘业		72	16.47	30	42	13.632	13.957	14.986
建筑业		12	2.75	0	12	14.250	14.333	14.750
电力煤气及水的生产和供应业		29	6.64	2	27	14.178	14.785	15.206
制造业	纺织、服装、皮毛	1	0.23	0	1	19.000	13.000	14.000
	金属、非金属	91	20.82	42	49	14.011	14.701	14.879
	石油、化学、塑胶、塑料	199	45.54	133	66	9.905	9.934	10.025
	医药、生物制品	9	2.06	0	9	12.000	15.222	13.333
	造纸、印刷	24	5.49	16	8	12.739	10.956	13.458
合计		437	100	223	214	13.714	13.361	13.829

　　资料来源：上海证券交易所、巨潮资讯网、深圳证券交易所和企业官网等，经笔者加工整理。

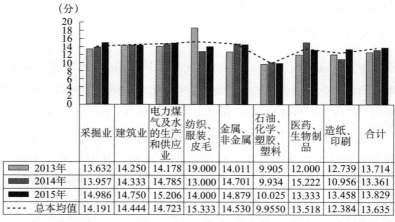

（分）	采掘业	建筑业	电力煤气及水的生产和供应业	纺织、服装、皮毛	金属、非金属	石油、化学、塑胶、塑料	医药、生物制品	造纸、印刷	合计
2013年	13.632	14.250	14.178	19.000	14.011	9.905	12.000	12.739	13.714
2014年	13.957	14.333	14.785	13.000	14.701	9.934	15.222	10.956	13.361
2015年	14.986	14.750	15.206	14.000	14.879	10.025	13.333	13.458	13.829
总本均值	14.191	14.444	14.723	15.333	14.530	9.9550	13.518	12.384	13.635

图3－3　2013～2015年度重污染上市公司分行业企业生态效率测度值分布

　　资料来源：上海证券交易所、巨潮资讯网、深圳证券交易所和企业官网等，经笔者加工整理。

本在同一水平线上，采掘业、电力煤气及水生产和供应业、建筑业、金属非金属业，石油化学塑胶塑料业的企业生态效率均在 3 年间稳步地略有增长，纺织服装皮毛业、造纸印刷业的企业生态效率在 2014 年有明显降低，而医药生物制品业的企业生态效率在 2014 年却有明显提高。从整体上看，除了占样本比例最大的石油化学塑胶塑料业，其企业生态效率 3 年来的测度值均是最低外，各细分行业 3 年间的生态效率均值基本持平，基本保持在 14 分左右。

表 3－6 显示了样本企业分地区的生态效率测度值情况，考虑企业管理层作出决策更多与注册地相关，且注册地的数据更易获得，这里的地区划分依据是企业注册地所在的省份（颉茂华等，2014；蒋为，2015）。我们发现，样本企业分布在全国 31 个省、自治区及直辖市（不包含香港、澳门和台湾），其中，北京市（8.01%）、广东省（7.09%）、江苏省（9.15%）、山东省（8.93%）、浙江省（7.55%），是样本企业分布最多的省份。在企业生态效率测度值方面，北京市、天津市、云南省的表现较好，而吉林省、陕西省和重庆市的企业表现则较差。以上从行业和地区等宏观视角分析了重污染上市公司的企业生态效率测度分布情况。接下来，本书将从企业性质、生态效率维度和生态效率内容等微观视角来分析企业生态效率测度的结果。

表 3－6　重污染上市公司企业生态效率测度值分布（分地区）

地区	企业数量（家）	所占比例（%）	民企（家）	国企（家）	2013 年	2014 年	2015 年
安徽省	20	4.58	10	10	10.315	10.947	11.500
北京市	35	8.01	6	29	17.000	17.812	16.514
福建省	10	2.29	6	4	12.400	12.700	12.900
甘肃省	5	1.14	2	3	11.400	9.400	12.800
广东省	31	7.09	24	7	9.466	8.833	9.354
广西壮族自治区	6	1.37	2	4	14.833	14.500	20.000
贵州省	6	1.37	1	5	10.833	10.666	10.333

地区	企业数量（家）	所占比例（%）	民企（家）	国企（家）	2013 年	2014 年	2015 年
海南省	4	0.92	2	2	6.333	12.750	12.750
河北省	11	2.52	4	7	16.700	15.400	16.090
河南省	17	3.89	10	7	15.933	13.066	13.529
黑龙江省	6	1.37	3	3	16.000	15.600	13.500
湖北省	15	3.43	5	10	10.071	10.000	10.333
湖南省	13	2.97	2	11	12.538	12.384	13.461
吉林省	7	1.60	4	3	8.571	8.428	9.428
江苏省	40	9.15	35	5	9.264	9.916	9.900
江西省	6	1.37	3	3	14.400	14.400	14.166
辽宁省	15	3.43	6	9	11.071	10.866	12.333
内蒙古自治区	12	2.75	6	6	11.833	12.083	12.166
宁夏回族自治区	4	0.92	1	3	8.500	9.000	11.500
青海省	5	1.14	1	4	11.600	9.200	12.000
山东省	39	8.93	21	18	9.078	10.763	10.615
山西省	17	3.89	5	12	14.312	15.000	15.294
陕西省	8	1.83	4	4	7.857	8.250	9.750
上海市	21	4.81	12	9	14.210	15.368	12.952
四川省	20	4.58	10	10	11.684	11.368	11.700
天津市	2	0.46	0	2	16.500	20.000	15.500
西藏自治区	2	0.46	1	1	13.500	13.500	17.500
新疆维吾尔自治区	12	2.75	6	6	10.000	10.181	13.000
云南省	9	2.06	1	8	16.000	21.000	18.777
浙江省	33	7.55	28	5	14.310	13.193	14.454
重庆市	6	1.37	2	4	8.166	7.666	8.500
合计	437	100	223	214	12.086	12.395	12.987

资料来源：iFind 数据库、上海证券交易所、巨潮资讯网、深圳证券交易所和企业官网等，经笔者加工整理。

企业产权性质方面，表3－7中将样本企业按产权性质分为国有企业和民营企业两类，两类企业数量基本上1:1持平，样本量也是基本上1:1持平。从图3－4中可见，2013～2015 年，国有和民营企业的生态效率均逐年提高，从整体来看，3 年来，国有企业的生态效率均明显高于民营企业的生态效率，民营企业的生态效率基本上在9 分左右，而国有企业的生态效率则稳定在15 分左右，高出民营企业将近一倍。这说明国有企业在生态效率改善，生态文明建设方面做出了榜样，重污染行业上市公司中民营企业的生态效率偏低。

表 3 - 7　　　重污染上市公司企业生态效率测度值分布（分产权性质）

企业性质	企业数量（家）	样本量（家）	2013 年均值	2014 年均值	2015 年均值
国有企业	214	629	14.917	15.009	15.761
民营企业	223	628	9.070	9.466	9.551
合计	437	1 257	11.994	12.237	12.656

资料来源：iFind 数据库、上海证券交易所、巨潮资讯网、深圳证券交易所和企业官网等，经笔者加工整理。

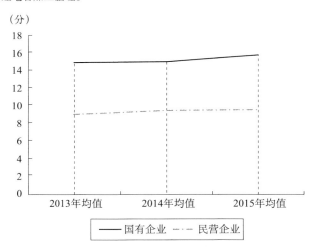

图 3 - 4　2013~2015 年重污染行业分产权性质的企业生态效率分布

　　生态效率维度方面，表 3 - 8 是依据图 3 - 2 中企业生态效率测度维度分类，得到重污染行业上市公司企业生态效率四个维度的分布表。我们看到，样本企业整体的生态效率均值是 12.31，其中，生态保护意识维度的均值是 2.51，管理过程维度的均值是 6.69，信息披露维度的均值是 2.26，合法性维度的均值是 0.85。同时依据各维度均值得分率①所占的比重，绘制了图 3 - 5。我们

---

　　①　各维度均值得分率的计算公式是：得分率 = 各维度的均值/该维度下指标可获得的最高分，如生态保护意识维度可获得的最高分是 8，那么生态效率维度的得分率 = 2.51/8 = 0.31。这样处理的目的是考虑到四个维度下测度指标的数量和赋值标准不同，其均值不具有直接可比性。

发现，样本中企业生态效率均值的 42.47% 来自信息披露维度，33.72% 来自意识维度，13.34% 来自合法性维度，10.47% 来自管理过程维度。换言之，样本企业主要是通过提高生态效率意识、选择一定的载体进行生态效率信息披露及满足合法性的要求等形式来改善自身的生态效率。进一步地，我们发现企业生态效率测度值总分最小值是 0 分，最大值是 47 分，而标准差较大。这说明样本的测度值总分存在一定的分散度，为了降低分散度，后续研究中将对企业生态效率测度总分值进行取对数处理。

表 3 - 8　重污染上市公司企业生态效率测度值分布（分维度）

维度名称	均值	标准差	最小值	最大值	2013 年	2014 年	2015 年
生态保护意识	2.509	1.605	0	7	2.421	2.516	2.583
管理过程	6.689	6.996	0	36	6.603	6.630	6.826
信息披露	2.257	0.739	0	4	2.251	2.239	2.279
合法性	0.849	1.257	-2	5	0.775	0.864	0.903
总分	12.305	9.101	0	47	12.051	12.251	12.592

资料来源：上海证券交易所、巨潮资讯网、深圳证券交易所和企业官网等，经笔者加工整理。

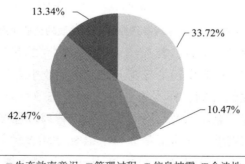

图 3 - 5　2013 ~ 2015 年度重污染上市企业生态效率各维度分布

资料来源：上海证券交易所、巨潮资讯网、深圳证券交易所和企业官网等，经笔者加工整理。

生态效率内容方面，从表 3 - 4 企业生态效率测度体系可知，生态效率管理过程这一维度是企业生态效率测度的核心内容。因此，我们对该维度下的具体测度内容作进一步的说明，如表 3 - 9 和图 3 - 6 所示。我们发现，企业生态效率的表现和企业生态效率的治理是企业生态效率管理过程的关键内容。企业生态效率表现是反映企业生态效率的实际情况，生态效率治理是反映企业在改善生态效率方面所作的努力。样本企业整体的生态效率表现均值是 2.088，其中，2013 年的均值是 2.155，2014 年的均值是2.041，低于 2013 年生态效率表现的均值，2015 年的均值是 2.070，相比于 2014 年有所提高，但仍旧低于 2013 年的企业生态效率表。

表 3 - 9　重污染上市公司企业生态效率测度值分布（分内容）

内容名称	均值	中位数	标准差	最小值	最大值	2013 年	2014 年	2015 年
生态效率表现	2.088	1	3.230	0	19	2.155	2.041	2.070
生态效率治理	2.127	1	2.998	0	14	2.076	2.113	2.187
生态效率投资	1.146	0	1.591	0	6	1.049	1.188	1.196
生态效率融资	1.327	0	1.517	0	6	1.322	1.287	1.370

资料来源：上海证券交易所、巨潮资讯网、深圳证券交易所和企业官网等，经笔者加工整理。

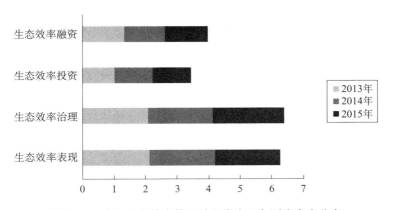

图 3 - 6　企业生态效率管理过程维度下各测度内容分布

现。换言之，从生态效率表现上来看，样本企业 2013～2015 年有略差的趋势。样本企业的生态效率治理均值是 2.127，其中，2013 年的均值是 2.076，2014 年的均值是 2.113，2015 年的均值是 2.187。不难发现，在生态效率治理方面，样本企业 2013～2015 年逐年完善，趋势向好。此外，在生态效率投资上，样本企业也是逐年提高，而生态效率融资上，2015 年的均值最高，但 2014 年的均值不及 2013 年的均值。

3.5 本 章 小 结

本章重点内容是构建恰当的企业生态效率测度体系并运用该体系对重污染行业上市公司的企业生态效率进行测度。首先，通过对国内外环境信息披露制度背景的回顾，梳理出环境制度政策的变迁过程，发现环境信息越来越备受关注，且制度层面关于环境信息披露的相关政策越来越健全。其次，对环境信息披露的现状进行了总结，从信息披露的主体、载体和内容三方面入手，对比了国内外环境信息披露的内容，以求了解企业生态效率信息的来源。再次，本章从测度路径和指标体系两方面入手，构建了企业生态效率测度体系，并提出相应的赋值标准便于相关学者的定量研究。通过这一体系，研究者能够获得企业生态效率的大样本数据，有助于进一步深入探讨企业生态效率的相关问题，这也是本书研究的理论意义和贡献所在。最后，本章以重污染行业上市公司为例，根据构建的测度体系，对 437 家企业 2013～2015 年的生态效率进行测度，获得了 1 257 个企业生态效率测度值，并进一步从宏观和微观角度分析了样本企业生态效率的分布情况。

第4章

企业生态效率的影响因素

本章主要研究重污染行业上市公司的生态效率会受到哪些因素影响。具体而言，4.1 节从理论上分析企业生态效率的相关影响因素，并提出相应假设；4.2 节对研究样本、相关变量和实证研究模型等进行说明；4.3 节详细探讨本章的实证结果；4.4 节进行了稳健性检验；4.5 节进行本章小结。

4.1　理论分析与研究假设

企业生态效率反映了企业财务绩效和环境表现的互动关系。在借鉴前人成果的基础上（Calcott P. & Walls M. , 2005；Côte R. et al. , 2006；Cha K. et al. , 2008；Shaozhou Q. & Wei L. , 2007；程远，2011；金桂荣和张丽，2014；高文，2017），本书主要从外部宏观因素如政府监管压力和内部因素如公司特征（包括企业性质、企业规模及企业成长性）和公司治理（包括董事会规模、总经理和董事长是否二职合一）来分析其对企业生态效率的影响。

在政府监管方面。伴随着生态文明建设的大力推进，政府越来越重视生态环境问题，并相应地出台了一系列相关政策，如 2007 年国家环保总局发布的《环境信息公开办法（试行）》、2008 年国务院颁布的《政府信息公开条例》、2010 年环保部发布的《上市公司环境信息披露指南（征求意见稿）》等文件。在这些文件中，不仅对重污染行业企业提出了及时公开环境信息的要求，而且明确了地方政府对企业环境问题的监管责任。《政府信息公开条例》第 10 条规定，县级以上各级人民政府及其部门应重点公开环境保护的信息。《环境信息公开办法（试行）》第 11 条明确了政府部门应当主动公开 17 项环境信息，同时第 6 条规定政府环境信息公开工作的具体职责之一是监督本辖区企业环境信息公开工作。因此，对于企业而言，面临环境监管政策不断出台，其改善生态效率的需求日益增大。但不同地区企业面临的监管压力存在一定差异，因为各地法律制度环境、经济发展水平、环境保护意识等因素会影响当地政府对企业环境监管的力度。地方政府对企业方面的监管力度越大，越有利于促进企业自身生态效率的改善。基于此，本书提出假设 4.1。

假设 4.1：地方政府监管与企业生态效率正相关，即地方政府对企业生态环境监管力度大能够显著提高企业生态效率。

在公司规模方面。传统经济学中的规模经济理论认为，企业规模的扩大有利于提高生产效率。狄克和科波克（Dierkes & Coppock，1975）、英格和马克（Eng L. L. & Mak Y. T.，2003）、高等（Gao et al.，2005）均发现，公司规模对企业环境信息披露水平有显著正向作用，公司规模越大，公司环境信息披露水平也就越高。帕滕（Patten，2002）针对美国公司年报中社会责任信息质量的研究，证明了公司规模是重要的解释变量。金等（Kim K. H. et al.，2018）、佩特伦科罗夫等（Petrenko O. V. et al.，2016）也发现了类似结论。究其原因，可能是由于"树大招风"，越大的公司，越容易引起利益相关者的关注，如政府、社会公众及媒体，从而面对的政策监管和舆论监督压力更大（Ni A. & Van

Wart M. ，2015）。同时，公司规模越大，规模经济效应越明显，规模成本越低，越可能从环境投入中获取财务绩效，从而提高企业生态效率。因此，我们认为规模越大的公司，越有动力和能力去提高企业的生态效率，以迎合制度要求和利益相关者的需求。基于此，本书提出假设 4.2。

假设 4.2：公司规模与企业生态效率正相关，即公司规模越大，企业的生态效率越高。

在公司产权性质方面。国有企业作为国有资产的重要体现，与政府有着天然的关系，其寻租成本和筹资成本较之民营企业要低，面对环境监督和管制时更易于选择规避途径，在提高企业生态效率水平上可能存在后劲不足的情况。但是，在当前国家生态文明建设的指导方针下，国有企业面临的政策压力较之非国有企业而言更大，国有企业因"国有为民"的性质而被寄予更高的社会责任履行预期，除了履行为国有股东、公众股东创造财富的责任，还承担更多的环境保护、提供更多的就业机会、公益捐助等社会责任，媒体舆论和社会公众也会对国有企业给予更多的关注。从利益相关者理论出发，国有企业更有动力通过提高企业生态效率，来满足利益相关者的需要。同时，国有企业由于存在密切的政治关联和国有股东的绝对影响力，比非国有企业更易获得政府在政策与资源上的支持，如政府补助和财政补贴等。国有企业积极地改善其生态效率，更能获得政府在政策和资源上的支持。此外，从组织合法性理论而言，国有企业与非国有企业的合法性敏感度也有所差异，国资委出台了一系列政策文件，如《关于中央企业履行社会责任的意见》《中央企业节能减排监督管理暂行办法》等，专门针对国有企业环境行为进行监督和治理。换言之，国有企业在环境保护等方面面临的合法性要求更高，这也会促进国有企业提高其生态效率，以达到相关政策文件的要求。

综合考虑上述逻辑，本书提出假设4.3。

假设4.3：公司产权性质与企业的生态效率具有相关性，即当公司产权性质是国有时，企业的生态效率显著高于非国有企业。

在公司成长性方面。成长性是指在持续经营假设前提下，实现公司经济效益的持续增长，具体来说，是指企业在一定时期内，实现整体绩效水平（如销售量、收入、利润等）的持续大幅度提升。它是以经济效益的提高与否为标志，是预测公司未来经营状况的重要指标。对于高成长性的企业来说，公司处于变动性更大的环境中，代理人将面临更大的风险（胡亚权和周宏，2012）。为了快速发展的需要，高成长性企业常以获得可观的利润，降低经营风险为首要目标。而企业改善生态效率，加大环境保护的力度时，初期势必需要投入一定的人力、物力、财力，短期内无法迅速获得经济回报，这可能会导致企业短期内成本上升，资源短缺等问题，加大高成长性企业的经营风险，不符合高成长性企业的经营预期。因此，高成长性的企业在追求经济效益持续增长的过程中，可能会选择忽视生态效率方面的改善，使得财务绩效提高的同时消耗的资源也大大增加。基于此，本书提出假设4.4。

假设4.4：公司的成长性与企业的生态效率负相关，即处于高速成长期的公司，其企业生态效率会显著偏低。

在董事长和总经理是否二职合一方面。董事长属于治理层，总经理属于管理层，董事长和总经理二职应当分设，以便于治理层能够有效地监督管理层的工作。委托代理理论认为，由于存在有限理性和自利性，人具有天然的偷懒和机会主义动机。为了防止代理人的"逆向选择"和"道德风险"，必须建立一个有效的监督机制。而董事长和总经理的二职合一，总经理将会主宰董事会，董事会形同虚设，降低了董事会的监督力度，会削弱公司的治理效率，导致管理层行为可能不受约束，隐瞒不利信息，增加了信息不对称的程度（Forker，1992；舒岳，2014；Kang C. et al.，2016），损害公司和其他中小股东的利益。当公司治理效率低，企业内部控制机制有效性较差时，将会引发一系列的问题，包括企业社会责任履行和环境保护的不作为（Gong et al.，2016），企业更没有动机进行生态效率的改善和提高。而董事长和总经理二职分离，一定程度上能够维护和确保董事会监督的独立性和有效性，客观评价公司和管理者的绩效，减少可能存在的"逆向选择"和"道德风险"问题，促进公司的可持续性发展。因此，董事长和总经理二职分离，有利于提高董事会监督管理层的独立性和有效性，避免权力过度集中而导致的腐败等问题，也有利于董事会专注于公司的长远规划，注重改善企业的生态效率，实现公司的可持续发展。基于此，本书提出假设 4.5。

假设 4.5：董事长、总经理是否二职合一与企业生态效率具有相关性，即当董事长和总经理二职合一时，企业生态效率可能显著偏低。

在董事会规模方面。董事会规模是指董事会组成人员的数量。董事会在公司治理中处于核心地位，股东委派董事会成员作为代言人行使所有者的权力，董事会兼有决策权和监督权，决定着公司内部管理机构的设置和基本管理制度，选聘、监督和评价管理者，确定管理者薪酬，批准财务预决算方案和利润分配方案等。为有效履行董事会的职能，董事会需要具备多领域的专业知识和技能。如果董事会规模太小，董事会具备的知识和能力可能有限，难以良好地完成董事会的基本职责。适度扩大董事会规模，利用不同董事的专业知识和管理能力进行合理的配搭，能够达到互补的效果，更有利于公司的稳定发展。科科特和沃斯

（Calcott P. & Walls M.，2005）通过研究发现，规模较大的董事会易于发挥较好的功能，同时，较大规模的董事会，拥有多种背景、知识的专业人士，将会形成多样化的经营决策思维，有利于提高决策质量，减少公司决策方面的风险。绍周和魏（Shaozhou Q. & Wei L.，2007）发现，董事会规模越大，公司的价值稳定性越好，这是由于较大的董事会规模，减少了极端化决议的形成，降低了由于决策失误带来的风险。此外，较大规模的董事会，监督和评价质量较高，能够提高公司的治理效率，促进公司资源的有效配置，实现公司的可持续发展。因此，较大的董事会规模，董事们的专业背景更丰富，更注重企业的稳定和可持续性发展，更可能会倾向于提高企业的生态效率。基于此，本书提出假设4.6。

假设4.6：董事会规模与企业生态效率正相关，即董事会规模能够显著提高企业生态效率。

4.2　研　究　设　计

4.2.1　样本选择和数据来源

2010年的《上市公司环境信息披露指南》（征求意见稿）将钢铁冶金、水泥化工、煤炭采矿、电解铝造纸、发酵酿造、制革纺织、火电制药及石化建材行业界定为重污染行业。结合中国证监会2012年上市公司行业分类指引下的二级分类名录，我们得到本章样本企业的最终行业分类。我们选取2013～2015年中国证券市场重污染行业的A股上市公司作为初始研究样本。为了保证研究结论的可靠性和准确性，本章研究剔除了ST公司和所选变量存在缺失值的样本。

样本中企业生态效率的测度数据来源于上海证券交易所、巨潮资讯网、深圳证券交易所和企业官网等网站披露的样本企业年报、环境报告、社会责任报告和可持续发展报告等对外报告和信息，并进行手工搜集和整理。本章所使用的行业特征、财务数据等相关数据均来自国泰安 CSMAR 数据库和 iFind 数据库；本章所使用的政府监督数据来源于公众环境研究中心和美国自然资源保护委员会共同发布的"中国污染源监管信息公开指数"；本章所使用的各省每年突发环境事件数来源于《中国统计年鉴》。

4.2.2 研究变量

4.2.2.1 被解释变量

本章的被解释变量是企业生态效率（enterprise eco – efficiency，EE）。企业生态效率反映的是企业财务绩效与环境责任的互动关系，这种互动关系可从企业对外披露的财务、环境信息探知 JP2（Meng X. H. et. al，2013a；2013b；Emilio PSizeti & Andrea Tenucci，2016）。参照第 3 章中构建的企业生态效率测度体系，本章对样本企业的对外报告（包括年报、社会责任报告、可持续发展报告及环境报告），采用"内容分析法"，逐条对已构建的评价体系内容进行评分，一般性披露赋值 1 分，专门性描述赋值 2 分，货币性或定量化信息赋值 3 分（Aerts et al.，2008；Al – Tuwaijri et al.，2004；沈洪涛和冯杰，2012），更详细的评分细则可见本书第 3 章内容。通过内容分析法得到的评分值越高，表明企业的生态效率越高（Emilio PSizeti & Andrea Tenucci，2016）。

4.2.2.2 解释变量

政府监管（*Gov*）：本书采用"中国污染源监管信息公开指数"（PITI 指数）作为衡量地方政府监管力度的指标（沈洪涛和冯杰，2012；沈坤荣等，2017）。PITI 指数由公众环境研究中心

（Institute of Public and Environmental Affairs，IPE）与美国自然资源保护委员会（Natural Resources Defense Council，NRDC）[①] 两家独立研究机构共同开发，按照《环境信息公开办法（试行）》的要求，根据当地政府所做的企业超标违规记录公示、信访投诉及处理结果公示、环评受理和环保验收公示、依申请公开等 8 个指标，从系统性、及时性、完整性和用户友好性 4 个方面进行定量和定性分析，给出相应的得分和排名。PITI 指数是我国目前最全面和客观地评价地方政府执行环境信息披露政策情况的数据，既反映了当地环境信息的透明度，也体现了当地政府对环境监管的力度（沈洪涛和冯杰，2012；沈坤荣等，2017）。具体的，本书采用的 PITI 指数是企业注册地所在省份的 PITI 指数。

公司规模（Size）：公司年末总资产的自然对数值。

公司产权性质（Soe）：企业的产权所属是否归属于中央或地方政府，"是"取值为 1，"否"则为 0。一般而言，国有企业的环境责任更大，更易受到社会各界的多方关注。书中此部分数据来源于 iFind 数据库中有关企业性质的分类。

公司成长性（Growth）：营业收入增长率是评价公司成长性的重要指标，能反映出企业的实际生产经营状况，预示着企业未来的发展趋势。企业的未来发展和成长依靠着营业收入的增长，当营业收入增长率大于零时，说明企业当年的营业收入较之上年度有增加，意味着企业具有成长空间。营业收入增长率的值越大，可视为企业未来的成长空间越大，市场预期也越好。反之，当营业收入增长率小于零时，则说明企业的经营状况不佳，产品

---

① 自然资源保护协会（Natural Resources Defense Council，NRDC）是一家国际公益环保组织。自 1970 年成立以来，NRDC 一直在为保护自然资源、生态环境及公众健康而进行不懈努力。NRDC 在美国、中国、印度、加拿大、墨西哥、智利、哥斯达黎加、欧盟等国家及地区开展工作，并在中国的北京、美国的纽约、华盛顿、芝加哥、洛杉矶、旧金山以及蒙大拿州的波兹曼等地有常设办公室。

销路可能存在问题，不利于企业下一步的发展。

二职合一（*Dual*）：公司的董事长和总经理是否是同一人兼任，"是"取值为1，否则取值为0。通常认为，董事长、总经理由不同人担任，有利于彼此间的相互监督，提高公司治理水平。

董事会规模（*Boardsize*）：董事会规模一般用董事会成员人数的自然对数进行衡量。董事会规模越大，表示公司内部控制和监督机制越完善，公司治理水平越好。

4.2.2.3 控制变量

杠杆率（*Lev*）：杠杆率采用资产负债率来衡量，即负债总额/资产总额。一般而言，公司的杠杆率越高，存在违约的风险会越高，因此公司的融资成本可能会提高（林晚发等，2014；梁上坤等，2013）。公司负债率越高，越表明公司内源性资金不足，因而公司越难以将资金投入生态效率改善方面，导致生态效率表现越差。

盈利能力（*Roa*）：本章采用资产收益率指标作为衡量公司盈利能力的变量，是常用的评价企业盈利能力的指标。资产收益率用来衡量每单位资产创造多少净利润，是一定时期公司的净利润与总资产的比率，突出反映了付出多少投资可能带来多大的回报，是投资者尤为关注的指标之一。一方面，盈利能力越高，公司越有内部资金用于生态效率的改善，其生态效率表现会越好；另一方面，盈利能力越高，公司也有可能面临扩大再生产的需要，越吝惜将资金投入生态效率改善中去，其生态效率表现反倒会越差。

行业特征（*Industrydummy*）：本章参照2010年环保部的相关文件中对重污染行业的界定，将钢铁冶金、水泥化工、煤炭采矿、电解铝造纸、发酵酿造、制革纺织、火电制药及石化建材行业认定为重污染行业，并结合中国证监会2012年上市公司行业分类指引下的二级分类名录，作为本章样本企业的行业分类依据，并截取样本企业2013～2015年的面板数据。同时，由于制造业大类下有较多二级细分门类，因此本章对属于重污染的制造业按照二级细分门类引入虚拟变量控制，其余行业按照一级大类引入虚拟变量进行控制（Gong X. et al.，2017）。

年度特征（Yeardummy）：全球经济环境的不确定性大，国内外宏观经济形势复杂多变，为此，本章引入一系列年度虚拟变量控制样本公司的年份，降低不同年度宏观因素对研究结果的影响。

地区特征（Areadummy）：不同地区消费者的生活水平、文化程度及环保意识均存在明显差异。在发达地区，物质生活资料丰富，人们受教育水平较高，精神文明需求也较多。因此，此地区的人们在选择消费品时，不仅仅单从价钱上对产品进行区分，还会综合考虑产品附加信息，如产品是否更环保，是否取得绿色环保产品标志等因素。同时，不同地区由于自身所处的自然生态区域环境不同，面临的环境责任也有所差异，因此本章研究中将地区特征作为控制变量加以控制。这里的地区及下面提到的地区变量均是选择以企业注册地所在的省份为依据（颉茂华等，2014；蒋为，2015），原因在于企业管理层作出决策更多与注册地相关，且注册地的数据更易获得。

综上所述，本章的被解释变量、解释变量及控制变量的定义，如表4－1所示。

表4－1　　　　　　　　　　**变量定义**

变量名称	变量符号	变量描述
企业生态效率	EE	企业生态效率测度值的自然对数
政府监管压力	Gov	企业注册地所在省份的 PITI 指数
公司规模	$Size$	年末总资产的自然对数
公司产权性质	Soe	虚拟变量，若公司产权归属于中央或地方政府，则为1，否则为0

变量名称	变量符号	变量描述
营业收入增长率	*Growth*	（当年营业收入总额 – 上年度营业收入总额）／上年度营业收入总额 $\times 100\%$
二职合一	*Dual*	董事长总经理由同一人兼任为 1，否则为 0
董事会规模	*Boardsize*	董事会人数的自然对数
资产负债率	*Lev*	负债总额／资产总额
总资产收益率	*Roa*	净利润／总资产
行业特征	*Industrydummy*	行业虚拟变量
年度特征	*Yeardummy*	年度虚拟变量
地区特征	*Areadummy*	地区虚拟变量

4.2.3　检验模型

本章以企业生态效率为被解释变量，公司规模、公司产权性质、公司成长性、董事长总经理二职合一、董事会规模为解释变量，控制杠杆率、盈利能力、行业特征、年度特征及地区特征等因素，构建多元回归的面板模型如公式（4.1）。其中，$X_{i,t}$ 指代上述各解释变量。为了确保检验结果的稳健性，本章回归均采用调整后的稳健标准误来进行 t 检验，同时，通过聚类分析（cluster analysis）来降低异方差的影响。

$$EE_{i,t} = \beta_0 + \beta_1 X_{i,t} + \beta_2 Controls_{i,t} + \beta_3 Industrydummy + \beta_4 Yeardummy$$
$$+ \beta_5 Areadummy + \varepsilon_{i,t} \tag{4.1}$$

4.3　实证结果

4.3.1　描述性统计分析

表 4 – 2 是主要变量的描述性统计结果。从表 4 – 2 的描述性统计中可以看出，标准化后的企业生态效率均值是 2.313，中位数是 2.398，最小值是 0，最大值是 3.850，标准差是 0.729，说明

表 4 - 2 主要变量的描述性统计结果

变量名称	均值	中位数	标准差	最小值	最大值	样本量
EE	2.313	2.398	0.729	0	3.850	1 200
Gov	30.15	20.66	19.66	10.39	64.12	1 239
Size	22.68	22.41	1.566	18.37	28.51	1 254
Soe	0.500	1	0.500	0	1	1 257
Growth	0.223	0.087	0.722	-0.682	5.319	1 234
Dual	0.198	0	0.398	0	1	1 235
Boardsize	2.155	2.197	0.211	1.100	2.890	1 248
Lev	0.481	0.477	0.217	0.021	1.280	1 254
Roa	0.023	0.020	0.060	-0.431	0.336	1 253

注：变量定义见表 4 - 1。

样本企业生态效率分布较均衡。政府监督的 PITI 指数均值是 30.15，中位数是 20.66，最小值是 10.39，最大值是 64.12，标准差是 19.66，说明样本企业面临的政府监督环境是有所差异的。公司规模的均值是 22.68，中位数是 22.41，最小值是 18.37，最大值是 28.51，标准差是 1.566，说明样本企业的规模大小分布均匀，规模大小差距不明显。公司产权性质采用虚拟变量，国有企业是 1，民营企业是 0，其均值是 0.5，中位数是 1，最小值是 0，最大值是 1，标准差是 0.5，说明样本企业中国有企业和民营企业呈平均分布，各占一半的样本量。公司成长性的均值是 0.223，中位数是 0.087，最小值是 -0.682，最大值 5.319，标准差是 0.722，说明样本企业所处的成长阶段各有不同，有一定的差异性，有高速成长的公司，也有停滞不前甚至负增长的公司。二职合一采用虚拟变量，二职合一时取 1，二职分离时取 0，均值 0.198，中位数 0，最小值 0，最大值 1，标准差 0.398，说明样本企业中大部分是董事长和总经理分别由不同人来担任的，二职合一的情形偏少。董事会规模的均值是 2.155，中位数是 2.197，最小值是 1.100，最大值是 2.890，标准差是 0.211，说明样本企业的董事会规模比较接近。杠杆率的均值是 0.481，中位数是 0.477，最小值是 0.021，最大值是 1.280，标准差是 0.217，说明样本企业整体负债水平较为合理，部分企业负债水平偏高。盈利能力的均值是 0.023，中位数是 0.020，最小值是 - 0.431，最大值是 0.336，标准差是 0.060，说明样本企业的盈利水平分布较均匀，部分企业是亏损企业。可见，本章样本选择整体呈现分布均匀的特点。

4.3.2　相关性分析

表 4 - 3 是主要变量的 Pearson 相关系数，从表 4 - 3 的相关性统计中可以看出，被解释变量 EE 与各解释变量之间存在相关关系。被解释变量与各解释变量之间的相关性基本均低于 0.5，说明各变量之间相关关系较弱，可避免存在严重的多重共线性问题。进一步地，本章计算了各变量的膨胀因子 VIF 值，VIF 均值是 1.61，所有变量的 VIF 值均在 10 以内，说明本章实证模型中并不存在严重的多重共线性问题。

我们观察到，与前文的假设预测一致，公司规模（$Size$）与企业生态效率 EE 显著正相关，即规模越大的公司，其生态效率越高；公司产权性质（Soe）与企业生态效率 EE 显著正相关，即国有企业的生态效率显著比民营企业的生态效率要高；公司成长性（$Growth$）与企业生态效率 EE 显著负相关，即处于高速成长中的公司，常忽视其环境责任，其生态效率显著偏低；董事长总经理是否二职合一（$Dual$）与企业生态效率 EE 显著负相关，即董事长总经理兼任的公司，其生态效率不及董事长总经理分离的公司；董事会规模（$Boardsize$）与企业生态效率 EE 显著正相关，即董事会规模越大的公司，其生态效率越高。但政府监督（Gov）与企业生态效率不存在显著相关性，即政府监督的外部压力不能显著影响企业生态效率，不支持假设 4.1。同时，控制变量中杠杆率 Lev 与企业生态效率显著正相关，盈利能力（Roa）与企业生态效率负相关但不显著，这与沈洪涛等（2014）及武恒光和王

表 4—3　　　　　　　　　主要变量的 Pearson 相关系数

变量名称	VIF	(1)	(2)	(3)	(4)	(5)	(6)	(7)	(8)	(9)
EE	1.61	1								
Gov	1.14	0.005 00	1							
Size	1.71	0.496***	−0.043 0	1						
Soe	1.52	0.313***	−0.265***	0.448***	1					
Growth	1.01	−0.066**	−0.042 0	−0.055*	−0.034 0	1				
Dual	1.12	−0.197***	0.115***	−0.160***	−0.297***	0.019 0	1			
Boardsize	1.14	0.228***	−0.112***	0.263***	0.310***	−0.050*	−0.173***	1		
Lev	1.84	0.230***	−0.195***	0.527***	0.357***	−0.036 0	−0.101***	0.198***	1	
Roa	2.67	−0.013 0	0.131***	−0.077***	−0.123***	−0.018 0	0.066**	−0.039 0	−0.416 8***	1

注：***、**和*分别代表在 1%、5%和 10%水平上显著，VIF（variance inflation factors）为方差膨胀因子。

88

守海（2016）研究结论一致。可见，相关性分析部分支持本章所提出的假设，但要得到更稳健的结论，仍需在控制其他因素的情况下进行多元回归加以验证。

4.3.3　回归分析

表 4-4 报告了多元回归的分析结果，第（1）～（6）列的被解释变量均是生态效率（*EE*），第（1）列解释变量是规模（*Size*），

表 4-4　　　　　　企业生态效率影响因素的基本回归

变量名称	（1）	（2）	（3）	（4）	（5）	（6）
Size	0.270***	0.252***	0.267***	0.267***	0.262***	0.271***
	(13.62)	(12.74)	(13.74)	(14.18)	(12.61)	(18.02)
Lev	−0.149	−0.176	−0.154	−0.138	−0.169	−0.151
	(−0.95)	(−1.09)	(−1.00)	(−0.88)	(−1.05)	(−1.27)
Roa	0.243	0.391	0.293	0.294	0.247	0.569
	(1.01)	(1.52)	(1.10)	(1.50)	(1.10)	(1.42)
Soe		0.205***				
		(2.93)				
Growth			−0.006***			
			(−6.64)			
Dual				−0.231***		
				(−3.62)		
Bardsize					0.293**	
					(2.32)	
Gov						0.005**
						(2.04)
_*cons*	−3.686***	−3.388***	−3.623***	−3.603***	−4.140***	−3.806***
	(−8.46)	(−7.82)	(−8.40)	(−8.56)	(−9.45)	(−10.97)
Industrydummy	Yes	Yes	Yes	Yes	Yes	Yes
Yeardummy	Yes	Yes	Yes	Yes	Yes	Yes
Areadummy	Yes	Yes	Yes	Yes	Yes	Yes
N	1196	1196	1194	1178	1190	1179
R^2	0.283	0.295	0.284	0.300	0.291	0.294
F	16.674	17.747	20.373	17.296	16.551	19.563

注：第（1）～（6）列的被解释变量均是 *EE*；每个模型均控制行业虚拟变量、年度虚拟变量和地区虚拟变量。所有回归均采用调整后的稳健标准误来进行 t 检验，***、** 和 * 分别代表在 1%、5% 和 10% 水平上显著。

控制变量是杠杆率（*Lev*）、盈利能力（*Roa*）、行业特征（*Industrydummy*）、年度特征（*Yeardummy*）、地区特征（*Areadummy*）。结果发现，公司规模与企业生态效率在1%的水平上显著正相关，t值13.62，R^2值0.283，F值16.674，支持假设4.2的推论，即企业的生态效率与公司规模密切相关，受其影响较大。具体来说，规模越大的企业，越有动力和能力去提高其生态效率，其财务绩效与环境责任的互动关系越良好。同时，公司规模越大，利益相关者对其关注的越多，为满足各方利益相关者的需要，公司更可能注重提高企业生态效率，获得良好的声誉。第（2）列解释变量是产权性质（*Soe*），控制变量是规模（*Size*）、杠杆率（*Lev*）、盈利能力（*Roa*）、行业特征（*Industrydummy*）、年度特征（*Yeardummy*）、地区特征（*Areadummy*）。结果发现，国有企业的生态效率在1%的水平上显著高于非国有企业的生态效率，t值2.93，R^2值0.295，F值17.747，支持假设4.3的推论，即公司产权性质对企业生态效率的高低有显著的影响作用。具体来说，一方面，国有企业更注重环境与经济的可持续性发展，环境责任意识更强，在环境方面的投资和保护优于非国有企业，更可能去完善其自身的生态效率。另一方面，国有企业面临的生态保护方面的合法性约束更多，这也促使国有企业更积极地提高生态效率。第（3）列解释变量是成长性（*Growth*），控制变量是规模（*Size*）、杠杆率（*Lev*）、盈利能力（*Roa*）、行业特征（*Industrydummy*）、年度特征（*Yeardummy*）、地区特征（*Areadummy*）。结果发现，企业的成长性与企业生态效率显著负相关，t值 -6.64，R^2值0.284，F值20.373，支持假设4.4的推论，即企业的成长性对企业生态效率的高低有显著的影响作用。具体来说，当企业处于快速成长发展期时，更倾向于追求经济效益的快速增长，尽可能地控制成本支出，而提高企业的生态效率，前期需要投入大量的成本，短期内的经济收益甚微，这不符合高成长性企业的经营目标。因此，高成长性的企业往往会选择在逐利的同时消耗较多的资源并伴随较多的污染排放，导致其整体生态效率偏低。第（4）列解释变量是董事长和总经理是否是二职合一（Dual），是取1，否取0，控制变量是规模（Size）、杠杆率（Lev）、盈利能力（Roa）、行业特征（Industrydummy）、年度特征（Yeardummy）、地区特征（Areadummy）。结果发现，董事长和总经理由同一人兼任与企业生态效率在1%水平上显著负相关，t值 -3.62，R^2值0.300，F值17.296，支持假设4.5的推论，即董事长和总经理二职合一的企业，公司治理水平较差，其生态效率较低。换言之，董事长总经理由同一人兼任，不利于企业环境责任的承担，对企业的可持续发展不利。具体来说，董事长总经理是否二职合一，反映了企业的组织结构和治理效率，董事长和总经理由不同人担任，能够避免董事长总经理"一言堂"，提高了董事会监督管理层的独立性和有效性，使得管理层更专注于企业的可持续发展，并注重改善企业的生态效率，从而带来企业生态效率的提高。第（5）列解释变量是董事会规模（Boardsize），控制变量是规模（Size）、杠杆率（Lev）、盈利能力（Roa）、行业特征（Industrydummy）、年度特征（Yeardummy）、地区特征（Areadummy）。结果发现，企业董事会规模的大小与企业生态效率在5%水平上显著正相关，t值2.32，R^2值0.291，F值20.373，支持假设4.6的推论，即董事会规模越大的企业，其生态效率越高。具体来说，企业的董事会规模较大，董事会成员具备多种知识背景和技术专长，公司治理水平相对较高，对生态环境保护的认识和重视程度更高，会更积极地提高整体的生态效率水平，推动企业环境与财务绩效的可持续发展。第（6）列解释变量是政府监督PITI指数，控制变量是规模（Size）、杠杆率（Lev）、盈利能力

（*Roa*）、行业特征（*Industrydummy*）、年度特征（*Yeardummy*）、地区特（*Areadummy*）。结果发现，政府监督与企业生态效率在5%的水平上显著正相关，说明外部政府监督压力能够对企业生态效率产生重大影响，支出假设4.1的推论。此外，控制变量杠杆率（*Lev*）与企业生态效率具有负相关性，负债率较高的企业，生态效率较差，但在统计水平上不显著。盈利能力（*Roa*）与企业生态效率具有正相关性，盈利能力较高的企业，生态效率较高，但在统计水平上也不显著。

4.4　稳健性检验

为了保证结果的可靠性，避免变量选择带来的偏差，本章进行了相关的稳健性检验。由于企业生态效率的测度是基于"内容分析法"进行手工整理得出的，因此，为了检验上述结果的稳健性，本章将生态效率（*EE*）的测度值采用多种不同的方法进行测算。表4-5中的被解释变量企业生态效率（*EE*）是样本企业的生态效率测度值总分，不取自然对数，解释变量与上述主回归中的解释变量保持一致。我们观察到，以总分计企业生态效率时，公司规模、产权性质、董事会规模依然与企业生态效率显著正相关，t值分别是15.01、3.47、2.69，R^2值分别是0.327、0.342、0.343，F值分别是17.267、18.418、17.923，支持假设4.2、假设4.3和假设4.6的推论；公司成长性、董事长总经理二职合一依然与生态效率显著负相关，t值分别是-4.79、-4.32，R^2值分别是0.321、0.335，F值分别是16.251、17.463，支持假设4.4和假设4.5的推论；政府监督与企业生态效率在5%水平上显著正相关，支持假设4.1的推论，这与上述主回归的结论一致。

表 4 − 5　　　　　　对企业生态效率评价以总分计进行处理

变量	（1）	（2）	（3）	（4）	（5）	（6）
Size	3.548 ***	3.290 ***	3.536 ***	3.528 ***	3.466 ***	3.683 ***
	（13.87）	（13.08）	（13.86）	（13.83）	（13.24）	（14.50）
Lev	− 1.910	− 2.412	− 1.934	− 1.914	− 2.206	− 2.080
	（− 1.06）	（− 1.32）	（− 1.09）	（− 1.10）	（− 1.24）	（− 1.11）
Roa	− 0.235	1.638	0.142	− 0.127	− 0.321	2.072
	（− 0.09）	（0.58）	（0.06）	（− 0.05）	（− 0.12）	（0.66）
Soe		2.935 ***				
		（3.53）				
Growth			− 0.047 ***			
			（− 4.79）			
Dual				− 2.486 ***		
				（− 4.27）		
Bardsize					3.173 **	
					（2.56）	
Gov						0.091 **
						（2.26）
_cons	− 67.136 ***	− 62.748 ***	− 66.820 ***	− 66.442 ***	− 72.071 ***	− 71.590 ***
	（− 12.16）	（− 11.55）	（− 12.11）	（− 11.83）	（− 12.36）	（− 12.52）
Industrydummy	Yes	Yes	Yes	Yes	Yes	Yes
Yeardummy	Yes	Yes	Yes	Yes	Yes	Yes
Areadummy	Yes	Yes	Yes	Yes	Yes	Yes
N	1 253	1 253	1 250	1 234	1 247	1 236
R^2	0.322	0.338	0.321	0.338	0.329	0.330
F	15.775	17.069	16.251	16.332	15.810	17.644

注：第（1）～（6）列的被解释变量均是 EE；每个模型均控制行业虚拟变量、年度虚拟变量和地区虚拟变量。所有回归均采用调整后的稳健标准误来进行 t 检验，*** 、** 和 * 分别代表在1%、5%和10%水平上显著。

表 4 − 6 中的被解释变量企业生态效率（EE）是生态效率测度总分值进行标准化处理后的取值，即将样本公司的生态效率所得的总分除以最大可能得分，并经过百分制处理（武恒光和王守海，2016），将最终的得分作为表 4 − 6 中被解释变量企业生态效率（EE）的测度值，第（1）～（6）列的解释变量与上述主回

归中的解释变量保持一致。我们观察到，进行标准化处理后生态效率测度值与公司规模、性质、董事会规模依然在 1% 的水平上显著正相关，t 值分别是 13.87、3.53、2.56，R^2 值分别是 0.322、0.338、0.329，F 值分别是 15.775、17.069、15.810，支持假设 4.2、假设 4.3 和假设 4.6 的推论；企业成长性、董事长总经理二职合一依然在 1% 水平上与生态效率显著负相关，t 值分别是 -4.79、-4.27，R^2 值分别是 0.321、0.338，F 值分别是 16.251、16.332，支持假设 4.4 和假设 4.5 的推论；政府监督压力依然与企业生态效率在 5% 水平上具有显著正相关性，支持假设 4.1 的推论，这与上述主回归的结论一致。可见，在对被解释变量和解释变量采用不同方法度量后，实证结果均与主回归结果一致，说明本章的结论具有稳健性。

表 4 – 6   对企业生态效率评价以标准化方式进行处理

变量名称	(1)	(2)	(3)	(4)	(5)	(6)
Size	0.046***	0.043***	0.046***	0.046***	0.045***	3.561***
	(13.87)	(13.08)	(13.86)	(13.83)	(13.24)	(14.42)
Lev	−0.025	−0.031	−0.025	−0.025	−0.029	−1.895
	(−1.06)	(−1.32)	(−1.09)	(−1.10)	(−1.24)	(−1.08)
Roa	−0.003	0.021	0.002	−0.002	−0.004	0.870
	(−0.09)	(0.58)	(0.06)	(−0.05)	(−0.12)	(0.31)
Soe		0.038***				
		(3.53)				
Growth			−0.001***			
			(−4.79)			
Dual				−0.032***		
				(−4.27)		
Bardsize					0.041**	
					(2.56)	
Gov						0.086**
						(2.25)
_cons	−0.872***	−0.815***	−0.868***	−0.863***	−0.936***	−69.327***
	(−12.16)	(−11.55)	(−12.11)	(−11.83)	(−12.36)	(−12.49)
Industrydummy	Yes	Yes	Yes	Yes	Yes	Yes

续表

变量名称	（1）	（2）	（3）	（4）	（5）	（6）
Yeardummy	Yes	Yes	Yes	Yes	Yes	Yes
Areadummy	Yes	Yes	Yes	Yes	Yes	Yes
N	1 253	1 253	1 250	1 234	1 247	1 236
R^2	0. 322	0. 338	0. 321	0. 338	0. 329	0. 344
F	15. 775	17. 069	16. 251	16. 332	15. 810	17. 609

注：第（1）～（6）列的被解释变量均是 *EE*；每个模型均控制行业、年度和地区虚拟变量。所有回归均采用调整后的稳健标准误来进行 t 检验，＊＊＊、＊＊和＊分别代表在 1%、5% 和 10% 水平上显著。

4.5　本 章 小 结

本章以大样本数据为基础，基于 2013～2015 年重污染行业上市公司的生态效率数据考察了企业生态效率的影响因素，验证了过去以定性和案例方法为基础的研究结论。我们发现，企业生态效率受政府监管压力影响较大，政府监督压力与企业生态效率具有显著正相关性。当企业注册地所处的省份政府监管压力大时，企业的生态效率更高，说明制度上的压力能够促进企业生态效率的改善。同时，企业生态效率亦会受企业内部特征的影响。具体来说，公司规模、公司产权性质、公司成长性、董事长总经理是否二职合一及董事会规模对企业的生态效率有显著影响。公司规模越大，公司产权是国有企业，董事会规模越大，企业的生态效率越高；公司越处于高速成长期，董事长总经理二职合一，企业的生态效率越低。换言之，公司特征、公司治理是影响企业生态效率的显著因素。

事实上，通过企业生态效率代表的经济含义来看，我们说企业生态效率代表着企业财务绩效和环境责任的互动关系。既然企业生态效率是体现企业财务绩效和环境绩效的综合性指标，那么影响企业财务，尤其是影响环境的因素就都有可能影响到企业生态效率。本章企业生态效率影响因素的研究，进一步验证了过去以定性和案例研究为基础的研究结论，为接下来研究企业生态效率可能引起的经济后果作了铺垫，知晓前因才能更好地研究后果。

第5章

企业生态效率与债务融资成本

本章主要研究重污染行业中企业生态效率与债务融资成本之间的关系，即讨论企业生态效率的高低是否能够降低或提高企业的债务融资成本，哪些因素会对这种关系起到影响作用。本章具体内容安排如下：5.1 节从理论上分析企业生态效率与债务融资成本的相关性，并提出相应假设；5.2 节详细说明样本的选择、相关变量的定义和实证模型的选择；5.3 节探讨本章的实证结果；5.4 节开展进一步研究；5.5 节进行稳健性检验；5.6 节为本章小结。

5.1 理论分析与研究假设

在债务市场中，债务成本由资金提供方和资金需求方的供需平衡来决定。低风险的资金需求方只愿意以较低的利率借款，而高风险的资金需求方则愿意接受较高的利率。这其中，信息不对称是决定企业债务融资成本的关键因素（Florou A. & Kosi U., 2015; Stiglitz & Weiss A., 1981），信息不对称的降低，有利于降低企业的融资成本，在贷款利率、期限等方面争取到优惠（Healy, 1999; Sengupta, 1998; Leuz & Verrecchia, 2000）。一般情况下，具备良好财务状况及被低估市场价值的企业，会为了维护自身利益，具备强烈的自愿信息披露动机，将包含积极信号的财务数据和环境信息不断传递给债权人，显示该企业有别于其他拥有较差财务状况及被高估市场价值的企业。企业环境信息的披露是银行评估企业或项目环境风险的重要信息来源，尤其是在重污染行业，环境信息披露能够有效降低信息不对称的程度，这已经成为银行借款契约的重要影响因素。重污染行业上市公司积极提供环境信息，可以在一定程度上降低银企之间的信息不对称程度，从而帮助企业获取更多的银行贷款并降低其债务融资成本（倪娟和孔令文，2016）。在外部环境不确定性情况下，企业在环境责任方面的表现，会成为债权人判断、评估债务企业实际生产经营情况和未来面临的环境风险的依据，进而帮助债权人合理预期自身将要面临的信贷风险（Clarkson et al.，2008；Dhaliwal et al.，2011）。

在现实经济生活中，债权人一般无法观察到企业在环境方面的实际表现和环保责任的真实履行情况，那么企业对外披露的环境信息，连同财务信息共同成为债权人了解企业环境与财务状况的重要渠道。这有助于提高企业信息的透明度，降低因信息不对称带来的信贷风险（Boone A. L. & White J. T.，2015；Goss & Roberts，2011）。同时，环境信息披露质量越好的企业，一定程度上意味着企业的环境绩效表现好，从而促使银行预计较低的企业违约风险，给予更多的贷款金额、优惠的贷款利率、延长贷款期限，从而降低债务成本和融资约束（Kim K. H. et al.，2018）。沙夫曼和费纳多（Sharfman & Ferrnando，2008）在对 267 家美国企业的研究后发现，当企业的环境管理和环境治理水平提升时，企业所承担的债务成本会随之而降低。

当然，也有部分学者的研究发现，对于债权人而言，他们最关注的是贷出去的资金能否及时收回，能否获得预期收益，而如果企业将资金投入到环境相关的项目中去，那么可能意味着短期内无法获得直接的利润创造。这样一来，反倒占用了企业的宝贵资源，间接增加了企业的信贷风险，并不利于企业的融资（Huang R. et al.，2016）。还有研究认为，环境信息并不能被债权人重视，因而不能发挥作用（Ge W. & Liu M.，2015）。

可见，现有研究主要讨论企业披露的环境信息能否被债权人有效地识别，企业的环境责任及环境绩效表现良好能否释放积极的信息，降低信贷风险，获得优惠的贷款政策，从而降低债务融资成本。这方面的研究尚未形成统一的定论，故本章的研究仍具有一定的理论意义。企业生态效率，它的测度是建立在环境和财务信息共同披露基础上的，其包括的信息量更为全面，不仅包含环境信息，同时兼有财务信息，是财务信息与环境信息互动后的综合指标体现。我们认为企业生态效率提高，财务绩效和环境责任的互动关系良好，应该更有助于债权人识别出低信贷风险，进一步提供优惠的信贷政策，有利于企业降低债务融资成本。因此，本章提出如下假设 5.1。

假设 5.1：企业生态效率与债务融资成本负相关，即企业生态效率越高的企业，其债务成本越低。

5.2　研　究　设　计

5.2.1　样本选择和数据来源

本章选取 2013～2015 年中国证券市场重污染行业的 A 股上市公司作为初始研究样本，样本的具体选择过程和数据来源与第 4 章样本选择过程和数据来源一致，在此不再赘述。为了保证研究结论的可靠性和准确性，本章研究中剔除了 ST 公司和所选变量存在缺失值的样本。为了降低极端值对回归结果的干扰，本章对所有连续变量在 1% 和 99% 分位上进行了缩尾处理。同时，考虑到当期企业生态效率是只会影响到下期的债务融资成本，故本章对企业债务成本的数据取 2014 ~ 2016 年的数据进行回归分析，这样做也可以减轻内生性问题（梁上坤和陈冬华，2015）。

5.2.2 研究变量

5.2.2.1 被解释变量

本章的被解释变量是企业的债务融资成本（*Debtcost*）。在国外研究中，债务融资成本一般采用债务评级和债务平均到期收益率进行衡量（Ashbaugh – Skaife et al.，2006），但这对于我国上市公司债务成本的度量并不可行，原因在于我国目前尚未形成权威的信用评级机构，同时，我国上市公司一般不会对每一次银行贷款的金额和利率进行详细披露，故在针对我国企业的债务成本的研究中，较少用到公司债务的平均到期收益率指标。本书参照我国学者陈等（Cheng Y. L. et al.，2018）、倪娟和孔令文（Ni. J. & Kong L. W.，2016）及胡和陈（Hsu F. J. & Chen Y. C.，2015）中债务成本的计算方法，以利息费用占比来度量企业的债务融资成本。具体计算方法是企业的债务利息支出/企业的平均负债总额，其中企业的平均负债总额等于企业期初负债加上企业期末负债后除以 2。

5.2.2.2 解释变量

本章的主要解释变量为企业生态效率（*EE*）。参照第 3 章中构建的企业生态效率测度体系，本章对样本企业的对外报告包括年报报告、社会责任报告、可持续发展报告及环境报告，采用内容分析法，逐条对已构建的评价体系内容进行评分，得到的评分值越高，表明企业财务绩效与环境责任的互动关系越好，即表明企业的生态效率越高（Emilio PSizeti & Andrea Tenucci，2016）。

5.2.2.3　控制变量

公司产权性质（*Soe*）：企业的产权所属是否归属于中央或地方政府，"是"取值为 1，"否"则为 0。此部分数据来源于 iFind 数据库中有关企业性质的分类。

二职合一（*Dual*）：公司的董事长和总经理是否是同一人兼任，"是"取值为 1，否则取值为 0。

董事会规模（*Boardsize*）：董事会规模一般用董事会成员人数的自然对数进行衡量。董事会规模越大，表示公司内部控制和监督机制越完善，公司治理水平越好。

公司规模（*Size*）：公司年末总资产的自然对数值。

杠杆率（*Lev*）：杠杆率采用资产负债率来衡量，即负债总额/资产总额。

盈利能力（*Roa*）：本章采用资产收益率指标作为衡量公司盈利能力的变量。资产收益率是用来衡量每单位资产创造多少净利润，是公司的净利润与总资产的比率。

公司成长性（*Growth*）：营业收入增长率是评价公司成长性的重要指标，反映出企业的实际生产经营状况，预示着企业未来的发展趋势。

行业特征（*Industrydummy*）：本章对属于重污染行业的制造业按照二级细分门类引入虚拟变量控制，其余行业按照一级大类引入虚拟变量进行控制（Gong X. et al.，2017）。

年度特征（*Yeardummy*）：全球经济环境的不确定性大，国内外宏观经济形势复杂多变，可能会对企业的债务融资环境产生影响，为此，本章引入一系列年度虚拟变量控制样本公司的年份，降低不同年度宏观因素对研究结果的影响。

地区特征（*Areadummy*）：不同地区面临的债务融资环境和自然环境会有所差异，因此，本章研究中将地区特征作为控制变量加以控制。这里的地区特征变量与第 4 章中的地区控制变量相似，均是选择以企业注册地所在的省份为依据（颉茂华等，2014；蒋为，2015）。

综上所述，本章的被解释变量和解释变量及控制变量的定义，如表 5 - 1 所示。

表 5 - 1　　　　　　　　变　量　定　义

变量名称	变量符号	变量描述
债务成本	Debtcost	债务利息支出/平均负债
企业生态效率	EE	企业生态效率测度值的自然对数
公司产权性质	Soe	虚拟变量，若公司产权归属于中央或地方政府，则为1，否则为0
二职合一	Dual	董事长总经理由同一人担任为1，否则为0
董事会规模	Boardsize	董事会人数的自然对数
公司规模	Size	年末总资产的自然对数
营业收入增长率	Growth	（营业收入总额 - 上年营业收入总额）/上年营业收入总额×100%
资产负债率	Lev	负债总额/资产总额
总资产收益率	Roa	净利润/总资产
行业特征	Industrydummy	行业虚拟变量
年度特征	Yeardummy	年度虚拟变量
地区特征	Areadummy	地区虚拟变量

5.2.3　检验模型

本章以企业的债务成本作为被解释变量，企业生态效率作为解释变量，同时，控制公司产权性质、二职合一、董事会规模、公司规模、杠杆率、盈利能力、行业特征、年度特征及地区特征等因素，构建多元回归模型如公式（5.1）所示。为确保检验结果的稳健，本章回归均采用调整后的稳健标准误来进行 t 检验，同时通过聚类分析（Cluster analysis）来降低异方差的影响。若 EE 的回归系数 β_1 显著小于 0，则说明生态效率高的企业，其债务成本较低。

$$Debtcost_{i,t} = \beta_0 + \beta_1 EE_{i,t-1} + \beta_2 Soe_{i,t-1} + \beta_3 Dual_{i,t-1}$$
$$+ \beta_4 Boardize_{i,t-1} + \beta_5 Size_{i,t-1} + \beta_6 Lev_{i,t-1} + \beta_7 Roa_{i,t-1}$$
$$+ \beta_8 Growth_{i,t-1} + \beta_9 Industrydummy + \beta_{10} Yeardummy$$
$$+ \beta_{11} Areadummy + \varepsilon_{i,t} \tag{5.1}$$

5.3　实　证　结　果

5.3.1　描述性统计分析

表 5 – 2 是主要变量的描述性统计结果。其中，被解释变量债务成本（$Debtcost$）均值是 6.2%，中位数是 4.4%，最小值是 1%，最大值是 48.4%，标准差是 0.066，说明样本公司中的债务融资成本平均来说都在正常范围内。解释变量生态效率（EE）均值是 2.328，中位数是 2.398，最小值是 0.693，最大值是 3.761，标准差是 0.066，说明样本企业之间生态效率差别维持在可接受的区间范围内。控制变量公司产权性质（Soe）的均值为 0.503，说明样本企业中 50.3% 是来自国有企业，非国有企业约占 49.7%，即样本选择的国有企业和非国有企业基本是平均分布的。二

表 5 – 2　　　　　　　　　主要变量的描述性统计结果

变量名称	均值	中位数	标准差	最小值	最大值	样本量
$Debtcost$	0.062	0.044	0.066	0.001	0.484	1 223
EE	2.328	2.398	0.724	0.693	3.761	1 169
Soe	0.503	1	0.500	0	1	1 226
$Dual$	0.199	0	0.400	0	1	1 205
$Boardsize$	2.156	2.197	0.209	1.609	2.708	1 217
$Size$	22.71	22.46	1.532	20.06	27.32	1 223
Roa	0.023	0.020	0.053	– 0.187	0.175	1 222
Lev	0.483	0.483	0.214	0.060	0.928	1 223
$Growth$	0.213	0.086	0.656	– 0.682	4.514	1 219

注：变量定义见表 5 – 1。

职合一（*Dual*）取虚拟变量，均值是 0.199，标准差是 0.400，说明样本企业中仅有 19.9% 的企业是董事长、总经理由同一人兼任的，其余的企业董事长、总经理均是由不同人担任的。董事会规模（*Boardsize*）标准差是 0.209，均值是 2.156，说明样本企业间董事会规模的差异不大。其余控制变量 *Size*、*Roa*、*Lev*、*Growth* 样本分布都比较均匀。

5.3.2　相关性分析

表 5-3 是主要变量的 Pearson 相关系数。从表 5-3 中可以看出，被解释变量 *Debtcost* 与解释变量 *EE* 在 1% 的水平存在显著负相关关系，与假设 5.1 一致。各控制变量与被解释变量之间的相关性基本上均低于 0.5。进一步，本章计算了各变量的膨胀因子 VIF 值，VIF 均值是 1.53，其中，公司规模与债务融资成本的 VIF 值是 1.96，所有变量的 VIF 值均在 10 以内，表明不存在严重的多重共线性问题。尽管从相关性结果来看支持假设 5.1，但相关性分析中并没有控制其他因素的影响，故我们仍需要进一步地回归分析来获得稳健的结论。

5.3.3　回归分析

表 5-4 报告了企业生态效率与债务成本相关性的基本回归结果，可以观察到，在控制了一系列相关变量后，被解释变量 *Debtcost* 与解释变量 *EE* 在 10% 的水平上存在显著负相关关系，显著度虽与 Pearson 相关性检验的结果有所差距，但仍在可接受的水平范围内，回归 t 值是 -1.96，支持假设 5.1 的推论。这说明，债权人在对重污染行业上市公司的债务融资进行评估时，会考虑其整体生态效率的高低，即对于生态效率高的企业，债权人认为其财务绩效与环境责任的互动关系良好，可能面对的经营风险包括环保风险会更低，因此会要求较低的风险溢价补偿。

表 5-3　　　　　　　　　　主要变量的 Pearson 相关系数

变量名称	VIF	(1)	(2)	(3)	(4)	(5)	(6)	(7)	(8)	(9)
Debtcost	1.35	1								
EE	1.35	-0.117***	1							
Soe	1.58	-0.177***	0.325***	1						
Size	1.92	-0.162***	0.491***	0.453***	1					
Roa	1.30	0.345***	-0.034 0	-0.139***	-0.084***	1				
Lev	1.79	-0.410***	0.244***	0.362***	0.527***	-0.420***	1			
Growth	1.01	-0.064**	-0.055*	-0.030 0	-0.060**	-0.014 0	-0.039 0	1		
Dual	1.13	0.070**	-0.209***	-0.301***	-0.169***	0.087***	-0.112***	0.020 0	1	
Boardsize	1.17	-0.034 0	0.227***	0.321***	0.268***	-0.044 0	0.201***	-0.055*	-0.181***	1

注：***，**和*分别代表在 1%、5%和 10%水平上显著，VIF（variance inflation factors）为方差膨胀因子。

表 5 - 4   企业生态效率与债务成本相关性的基本回归

变量名称	模型（1）
EE	-0.007* (-1.96)
Size	0.002 (0.67)
Lev	-0.144*** (-3.01)
Roa	0.266*** (2.60)
Dual	0.021 (1.25)
Boardsize	0.018 (1.08)
Growth	-0.009** (-2.16)
Soe	-0.015*** (-2.59)
_cons	0.053 (0.59)
Industrydummy	Yes
Yeardummy	Yes
Areadummy	Yes
N	1146
R^2	0.111
F	5.602

注：模型（1）所列的被解释变量是 Debtcost；该模型均控制行业、年度和地区虚拟变量。所有回归均采用调整后的稳健标准误来进行 t 检验，***、** 和 * 分别代表在 1%、5% 和 10% 水平上显著。

控制变量的回归结果大多与现有的研究一致。公司成长性（Growth）越好，债务成本（Debtcost）显著越低（曹越等，2015），原因可能是处于高速成长期的公司，债务人认可其未来的发展潜力和可偿债能力。同时，国有企业（Soe）债务成本显著更低，这是由于其特殊的企业性质和背景决定的，债权人对国有企业具有天然的"安全感"。但需要特别说明的是，在控制变量中杠杆率（*Lev*）的系数为 – 0. 144，*T* 值是 – 3. 01，说明杠杆率越高的企业，债务成本越低，这与王彦超等（2016）、罗琦和王悦歌（2015）及王蕾等（2017）的研究结论一致。王彦超等（2016）和王蕾等（2017）的研究发现控制变量杠杆率与债务成本在 1% 的水平上显著负相关；罗琦和王悦歌（2015）的研究发现，控制变量杠杆率与权益资本成本在 1% 的水平上显著负相关。究其原因，可能由于债权人认为企业能够获得较多的债务融资，说明其受到的融资约束小，融资渠道广泛，债权人反倒愿意出借资金给企业。同时，在控制变量中，盈利能力（*Roa*）的系数为 0. 266，*t* 值 2. 60，说明盈利能力越好的企业，债务成本越高，这与李姝等（2013）、奥科莫等（Oikonomou I. et al.，2014）、汪平等（2014）、雷霆和周嘉南（2014）及王蕾等（2017）的结论一致。他们在研究中均发现盈利能力与企业资本成本显著正相关，并认为造成这种结果的原因，可能是盈利能力越好的企业，面临扩展再生产的需求更强，融资需求也很强，从而导致其资本成本更高。此外，也可能是盈利性越好的企业，更可能是高风险的企业，债权人可能要求更高的投资回报率，从而使得债务成本反而更高。

5.3.4　处理内生性

与所有的实证研究一样，本章的研究无法完全排除内生性问题的影响。因此，我们采用 Heckman 两阶段处理效应检验、倾向得分匹配方法和进一步控制潜在遗漏变量的方法，以求降低内生性问题对本章结论的干扰。

5.3.4.1　Heckman 两阶段处理效应检验

我们借鉴龚等（Gong et al.，2017）、斯泰尔纳等（Stellner C. et al.，2015）的做法，采用 Heckman 两阶段处理效应检验，

来控制潜在的自选择问题对实证结果的影响。处理效应模型的第一阶段是考察企业生态效率的影响因素，计算出逆米尔斯比率（Inverse Mills Ratio，IMR），然后处理模型的第二阶段是将得到的逆米尔斯比率（IMR）作为控制变量，考察在控制了样本选择性偏差后，企业生态效率是否仍然显著影响企业的债务融资成本。

　　首先，参照企业生态效率测度的原始样本，其中有 57 家样本企业的对外报告中没有披露任何关于本企业生态效率方面的信息，其企业生态效率的测度值为零。因此，本书以企业生态效率（EE）是否等于零，将样本分为两组。其次，处理效应模型第一阶段是 Logit 回归，因变量是虚拟变量，如企业生态效率的测度值 EE 等于零，则定义为"1"，其余则定义为"0"，这是由于样本中企业生态效率等于零的较少，仅有 57 个样本。同时，在回归模型中加入公司规模（Size）、资产负债率（Lev）、盈利能力（Roa）、董事长和总经理是否两职合一（Dual）、董事会规模（Boardsize）、成长性（Growth）和公司产权性质（Soe）等变量，并控制了行业、年度和地区虚拟变量，具体的变量定义见表 5-1。第一阶段的回归模型为：

$$EE_{i,t} = \beta_0 + \beta_1 Soe_{i,t} + \beta_2 Dual_{i,t} + \beta_3 Boardize_{i,t} + \beta_4 Size_{i,t} + \beta_5 Lev_{i,t}$$
$$+ \beta_6 Roa_{i,t} + \beta_7 Growth_{i,t} + \beta_8 Industrydummy + \beta_9 Yeardummy$$
$$+ \beta_{10} Areadummy + \varepsilon_{i,t} \tag{5.2}$$

　　处理效应模型的第二阶段是在本章主回归的基础上，进一步控制了逆米尔斯比率（IMR）。第二阶段回归模型为：

$$Debtcost_{i,t} = \beta_0 + \beta_1 EE_{i,t-1} + \beta_2 IMR + \beta_3 Soe_{i,t-1} + \beta_4 Dual_{i,t-1}$$
$$+ \beta_5 Boardize_{i,t-1} + \beta_6 Size_{i,t-1} + \beta_7 Growth_{i,t-1} + \beta_8 Lev_{i,t-1}$$
$$+ \beta_9 Roa_{i,t-1} + \beta_{10} Industrydummy + \beta_{11} Yeardummy$$
$$+ \beta_{12} Areadummy + \varepsilon_{i,t} \tag{5.3}$$

　　表 5 - 5 是处理效应模型第二阶段的回归结果，结果显示在处理效应模型控制了选择性偏差带来的影响后，企业生态效率仍然在 5% 的水平上显著影响债务融资成本，t 值是 - 2.06，说明选择性偏差对本章的主要结论影响有限。同时，逆米尔斯比（IMR）系数在统计意义上并不显著，说明样本选择性偏差问题在本章研究中并不严重。

表 5 - 5　　　　　　　　Heckman 两阶段处理效应检验

变量名称	第二阶段
EE	- 0.008 **
	(- 2.06)
IMR	- 0.019
	(- 1.44)
Size	0.004
	(1.06)
Lev	- 0.146 ***
	(- 3.14)
Roa	0.269 ***
	(2.65)
Dual	0.021
	(1.28)
Boardsize	0.020
	(1.17)
Growth	- 0.009 **
	(- 2.23)
Soe	- 0.013 **
	(- 2.28)
_ cons	0.018
	(0.20)
Industrydummy	Yes
Yeardummy	Yes
Areadummy	Yes
N	1146
R^2	0.111
F	5.473

　　注：第二阶段所列的被解释变量是 Debtcost；该模型均控制行业虚拟变量、年度虚拟变量和地区虚拟变量。所有回归均采用调整后的稳健标准误来进行 t 检验，＊＊＊、＊＊和＊分别代表在 1% 、5% 和 10% 水平上显著。

5.3.4.2 倾向得分匹配方法

进一步，本书采用倾向得分匹配模型（propensity score matching，PSM）来控制潜在的自选择问题和遗漏变量问题对实证结果的影响。PSM 方法的基本思路是，在评估某项目或政策实施后的效应时，假设个体 i 属于处理组，若能找到与处理组个体 i 相似的某个体 j 组成控制组，则样本选择性偏差就可以被有效降低。倾向得分匹配的一般步骤为：第一步选择协变量。尽量将可能影响自变量的相关控制变量均包括进来，以保证可忽略性假设得到满足，如果协变量选择不当或太少，到时可忽略性假设不满足，将引起偏差；第二步估计倾向得分。在估计倾向得分时，一般使用 Logit 回归；第三步进行倾向得分匹配。如果倾向得分估计得较准确，则匹配后的处理组和控制组之间的分布较均匀，即数据平衡在匹配时，一般要求此标准化差距不超过 10%，如果超过，则应重新回到第二步，甚至回到第一步，重新估计倾向得分，或者改变具体的匹配方法。为此，考虑到本书的企业生态效率变量不是 0~1 虚拟变量，本书以企业生态效率 EE 是否等于零，将样本分为两组，其中，企业生态效率的测度值 EE 等于零分的，则赋值为"1"，其余测度值不等于零分的，则赋值为"0"，从而将企业生态效率变量划分为 0~1 变量。这样处理的原因，一方面是由于本书的企业生态效率测度是建立在企业生态效率信息披露基础上的，企业生态效率测度值为零，说明企业对生态效率信息没有任何披露，企业生态效率测度值不为零，说明企业披露了与生态效率相关的信息；另一方面考虑到没有披露任何生态效率相关信息的样本较少，仅有 57 个，故将此类样本赋值为"1"。接下来，借鉴达利瓦尔等（Dhaliwal et al., 2016）及王雄元和高开娟（2017）的做法，进行倾向得分匹配来控制企业生态效率与债务成本关系回归中的选择性偏差和遗漏变量问题。具体过程如下：结合第 4 章中企业生态效率的影响因素研究，本书选定企业规模（Size）、产权性质（Soe）、成长性（Growth）、董事会规模（Boardsize）、企业价值（Value）和政府监督（Gov）[①] 作为协变量，采用半径匹配法和核匹配法，并按照年度、行业和地区进行匹配运算，结果如表 5–6 所示。从表 5–6 中 A 组我们发现，无论是半径匹配法下，还是核匹配法下，匹配前处理组和控制组中的变量存在很大差异，匹配后大多数变量的组间差异显著降低，且 T 值均不显著。如公司规模变量，在半径匹配法下，组间差距由匹配前的 –88.4% 下降到匹配后的 5.5%，而在核匹配法下，组间差距由匹配前的 –88.4% 下降到匹配后的 –2.0%；公司产权性质变量，在半径匹配法下，组间差距由匹配前的 –48.9% 下降到匹配后的 4.7%，而在核匹配法下，组间差距由匹配前的 –48.9% 下降到匹配后的 –5.1%。进一步，表 5–6 中的 B 组报告了匹配前后上述变量的整体组间差异。可以看到，匹配后的组间差异（MeanBias & MedBias）均小于 10，且匹配后 P 值不显著，这说明通过倾向得分匹配后，两组样本得到了很好的平衡。

表 5 – 6　　　　　　　　**PSM 平衡面板检验**

A 组：控制变量差异变化

变量名称	配对前后	半径匹配				核匹配			
		处理组	控制组	S/B（%）	T 值	处理组	控制组	S/B（%）	T 值
Size	U	21.443	22.376	–88.4	–5.30	21.443	22.376	–88.4	–5.30
	M	21.648	21.59	5.5	0.33	21.563	21.584	–2.0	–0.11
Soe	U	0.173	0.387	–48.9	–3.09	0.173	0.387	–48.9	–3.09
	M	0.146	0.167	–4.7	–0.25	0.159	0.181	–5.1	–0.28

[①]　这里协变量的选择与第 4 章的实证结果有所出入，原因在于在进行倾向得分匹配时，因变量企业生态效率是 0 ~ 1 虚拟变量，反映的是企业是否披露生态效率信息，与第 4 章中的企业生态效率测度值不一致，从而导致影响因素也有所差异，其中企业价值的数量来源于 CSMAR 数据库。

A组：控制变量差异变化

变量名称	配对前后	半径匹配				核匹配			
		处理组	控制组	S/B (%)	T 值	处理组	控制组	S/B (%)	T 值
Growth	U	0.319	0.148	21.3	2.00	0.319	0.148	21.3	2.00
	M	0.206	0.290	−10.5	−0.42	0.206	0.219	−1.7	−0.08
Boardsize	U	2.067	2.126	−30.1	−2.06	2.067	2.123	−30.1	−2.06
	M	2.059	2.089	−15.1	−0.66	2.063	2.094	−16.0	−0.75
Value	U	563.64	12.192	22.7	4.04	563.64	12.192	22.7	4.04
	M	30.81	41.1	−0.4	−0.74	29.794	46.573	−0.7	−1.21
Gov	U	44.291	46.827	−18.9	−1.31	44.291	46.827	−18.9	−1.31
	M	44.669	44.184	3.6	0.16	44.26	44.08	−1.3	0.06

B组：总体差异变化

配对前后	半径匹配				核匹配			
	LR chi2	p > chi2	MeanBias	MedBias	LR chi2	p > chi2	MeanBias	MedBias
U	55.24	0.000	38.4	26.4	55.24	0.000	38.4	26.4
M	1.50	0.959	6.6	5.1	2.82	0.831	4.5	1.8

注：处理组指企业没有披露任何生态效率信息，即企业生态效率测度值为零分，控制组指企业披露了生态效率信息，即企业生态效率测度值不为零分；"U"和"M"分别指匹配前和匹配后。

接下来，基于匹配好的样本，依据模型（5.1）再次进行回归，回归结果如表 5 - 7 所示。我们观察到，在应用 PSM 方法进行样本匹配后，回归所使用的样本数量降低，但企业生态效率与债务成本相关性的回归系数仍然为负数，其中，在半径法匹配后的样本组里，企业生态效率与债务融资成本关系在 10% 水平上显著负相关，t 值是 - 1.69，在匹配后的样本组中，企业生态效率与债务融资成本关系也在 10% 水平上显著负相关，t 值是 - 1.65。这表明，在使用 PSM 方法后前面得到的结论依然稳健。

5.3.4.3 进一步控制潜在遗漏变量

为缓解遗漏变量导致的内生性问题，我们进一步控制了地区市场化水平、会计信息质量、前五大股东持股比例等变量。

表 5 - 7　PSM 匹配后检验企业生态效率与债务成本相关性的回归

变量名称	模型（1）	模型（2）
EE	- 0. 011 *	- 0. 010 *
	(- 1. 69)	(- 1. 65)
Size	0. 007	0. 007
	(0. 87)	(0. 87)
Lev	- 0. 157 ***	- 0. 155 ***
	(- 2. 28)	(- 2. 26)
Roa	0. 341 ***	0. 345 ***
	(2. 10)	(2. 12)
Dual	0. 017	0. 017
	(0. 99)	(0. 96)
Boardsize	0. 011	0. 014
	(0. 29)	(0. 35)
Growth	- 0. 009 **	- 0. 009 **
	(- 1. 99)	(- 1. 99)
Soe	- 0. 000	- 0. 001
	(- 0. 01)	(- 0. 07)
_cons	- 0. 039	- 0. 045
	(- 0. 19)	(- 0. 22)
Industrydummy	Yes	Yes
Yeardummy	Yes	Yes
Areadummy	Yes	Yes
N	521	525
R^2	0. 097	0. 097
F	2. 709	2. 707

注：模型（1）、模型（2）所列被解释变量是 Debtcost，其中，模型（1）是半径法匹配后的样本，模型（2）是核匹配后的样本；上述模型均控制行业、年度和地区虚拟变量。所有回归均采用调整后的稳健标准误来进行 t 检验，*** 、** 和 * 分别代表在 1% 、5% 和 10% 水平上显著。

会计信息质量（AQ）：会计信息质量在债权人决策中发挥着重要作用，银行会基于贷款企业的会计信息评估借款企业的违约风险。无论是在借款合同签订前，还是在合同执行过程中，会计信息的质量都是债权人关注的重点（Xueyun Z. et al. ，2016）。本书参照弗朗西斯等（Francis et al. ，2005）提出的模型，计算得到会计信息质量度量值。同时为了便于分析，沿用王（Wang，2006）和盖西雅 - 特鲁尔等（Garcia - Teruel et al. ，2014）的做法，以回归模型的残差项的绝对值作为会计信息质量的反向度量指标，即该指标的值越大，说明企业会计信息质量越高，信息环境越好，信息不对称程度越低。同时，对会计信息质量（*AQ*）进行描述性统计分析时发现，其均值是 -0.077，中位数是 -0.055，标准差是 0.075，样本企业间会计信息质量差异维持在较小的区间范围内，最小值是 -0.430，最大值是 -0.001。

地区市场化水平（*Mindex*）：樊纲等（2011）发现我国不同的地区，市场化程度存在明显差异。一般来说，市场化程度高的地区，其法律环境、金融发展、要素流动等水平都较高，政府及外部约束机制也比较完善，相对信贷风险低，融资渠道多（Gong X. et al.，2017）。因此，本章采用樊纲等（2011）及后续披露的中国各省市场化指数来评价地区市场化水平，进一步我们对地区市场化水平（*Mindex*）进行描述性统计分析时发现均值是 10.5，中位数是 8.18，最小值是 3.510，最大值是 19.89，标准差是 5.601，说明样本企业所在的地区之间市场化发展水平的确存在一定的差异。

大股东持股比例（*Shrhfd5*）：在我国的企业中，大股东手中掌握着公司话语权和决策权。正如本书第 2 章中的委托代理理论观点：股权集中度高，大股东拥有绝对权力，能够提高对管理层的监督，降低管理层的自利行为，缓解管理层与利益相关者之间包括债权人在内的代理问题，从而有可能降低债务成本。当然，大股东如果为了个人利益损害债权人利益，则可能提高债务成本。因此，大股东持股比例的高低对债务成本可能有影响。本章选择前五大股东持股比例的赫芬德尔指数①作为衡量大股东持股

---

①　赫芬德尔指数：赫芬德尔指数简称 H 指数，表示的是前 N 位股东持股比例的平方和。与股权集中率一样，H 值越高，表明股权分布的集中性特征越明显。但 H 值可以更明显的显示出持股比例非均衡的情况，能够很好地解决公司间股权集中率相同导致的不能识别股权集中分布特征的问题。

比例的指标。

我们将上述潜在的遗漏变量引入模型（5.1）中并进行回归分析，结果如表 5 - 8 所示。由于新引入的变量存在一定的缺漏值，因此参与回归的样本数量有一定的下降。企业生态效率与债务成本仍然显著负相关，t 值是 - 2.59，R^2 值是 0.105，F 值是 3.167，仍支持假设 5.1 的推论。

表 5 - 8　　　　　　　　进一步控制潜在遗漏变量

变量名称	模型（1）
EE	- 0.009 ***
	（ - 2.59）
Size	0.004
	（0.56）
Lev	- 0.159 *
	（ - 1.87）
Roa	0.227 *
	（1.68）
Dual	0.031
	（1.40）
boardsize	0.007
	（0.35）
Growth	- 0.012 ***
	（ - 2.81）
Soe	- 0.012
	（ - 1.47）
Mindex	0.001
	（0.12）
Aq	0.018
	（0.10）
Shrhfd5	- 0.064
	（ - 1.37）
_cons	0.049
	（0.37）
Industrydummy	Yes
Yeardummy	Yes

变量名称	模型（1）
Areadummy	Yes
N	734
R^2	0.105
F	3.167

注：模型（1）所列的被解释变量是 *Debtcost*；该模型均控制行业虚拟变量、年度虚拟变量和地区虚拟变量。所有回归均采用调整后的稳健标准误来进行 t 检验，***、**和*分别代表在1%、5%和10%水平上显著。

5.4　进一步研究

以上研究已经得出企业生态效率能降低企业债务融资成本的结论，并进行了内生性检验。但事实上，银行的信贷决策是个复杂的博弈过程，在这个过程中，重污染企业传递的生态效率信号能否被银行有效识别并合理判断信贷风险，会受到哪些因素的影响，这有待进一步研究。

首先，本书考察了哪些因素可能会影响企业生态效率与债务融资成本的相关性。从现有文献中可知，影响企业债务成本的内部因素主要有公司的特征、治理结构和会计信息质量（Bhandari A. & Javakhadze D.，2017）。委托代理理论认为，良好的公司治理结构能降低债权人和管理层之间的代理成本。我国国有产权和非国有产权企业面临的债务融资约束存在差异（Brandt & Zhu，2007；Aivazian V. A. et al.，2005）。卡尔和徐（Cull & Xu，2005）研究发现，与政府关系密切的企业更容易获得银行贷款。同时，从第4章生态效率影响因素的研究可知，公司特征和公司治理结构也是企业生态效率的主要影响因素。此外，胡奕明等（2008）发现，企业会计信息质量能够影响债务融资成本，信息披露水平高能够降低银企信息不对称程度，从而降低债务融资成本。影响企业债务成本的外部因素主要是信贷市场的市场化程度，王彦超等（2016）研究发现，信贷市场化程度越高，信贷中介和参与人越多，信贷信息的共享会更加充分，市场定价机制就会更健全，从而对债务融资成本的定价产生影响。因此，接下来，本书拟从公司产权性质、会计信息质量、公司治理及地区市场化发展水平等因素入手，对企业生态效率与债务融资成本的关系作进一步研究。其次，本书所提及的企业生态效率是建立在企业生态保护意识、生态效率管理过程、信息披露、合法性四个维度上进行测度的，这四个维度分别与债务融资成本有何相关性，在降低企业债务融资成本过程中发挥着多大的作用，也需进一步探讨。

5.4.1　产权性质的影响

产权制度是企业重要的制度安排，债权人在进行风险评估时，会对不同产权性质的企业出具差异化的预估结果。在我国资本市场中，国有企业有着天然的优势，不仅是行业中的龙头企业，也是地方财税收入的支柱，有着政府的支持和保障，其与债权人（主要是银行）讨价还价的能力将更强，特别是当政府同时控制着国有企业和银行时，银行和企业之间信息不对称及利益冲突，可以通过内部各种机制来协调。这种密切的政治关联和政府支持，使得国有企业的债务融资约束相对降低。拉波塔等（La Porta et al. , 2002）发现，具有良好政治关系的企业更容易获得且能以更低的利率获得银行贷款，尤其是国有银行的贷款，银行在对国有企业放贷的过程中存在预算软约束的现象（林毅夫和李志赟，2004）。同时，法乔和朗（Faccio & Lang，2002）发现，国有企业面临财务危机时，更易获得国家的财政补贴，也能获得更多的银行贷款。而非国有企业在这方面则处于天然的弱势地位，银行在对非国有企业发放贷款时可能会更加谨慎，甚至会遇到信贷歧视（李广子和刘力，2009）。因此，为了降低企业的债务成本，非国有企业只能通过其他路径来弥补权性质上带来的短板。一方面，非国有企业可通过良好的社会责任和环境表现，提高其市场竞争力，改善其生态效率，降低企业的外部风险（Manasakis et al.，2014）；另一方面，非国有企业更全面的信息披露，能够降低信息不对称程度带来的风险（Baginski & Rakow，2012）。因此，我们认为公司产权性质可能会对企业生态效率与债务融资成本的这种负相关关系产生影响。

为了验证公司产权性质对本章结论的影响，本书将初始样本划分为国有企业和非国有企业两个子样本分别进行分组回归（方红星等，2013），结果见表5-9。我们发现，在企业产权性质是国

表5-9　　　　　公司产权性质差异的分组检验

变量名称	国有企业（1）	非国有企业（2）
EE	-0.003 （-0.91）	-0.011* （-1.77）
Size	0.007*** （3.45）	-0.001 （-0.18）
Lev	-0.066*** （-5.04）	-0.223** （-2.48）
Roa	0.175*** （4.77）	0.309 （1.33）
Growth	0.003*** （2.76）	-0.013** （-2.13）
_cons	-0.070* （-1.76）	0.221* （1.90）
Industrydummy	Yes	Yes
Yeardummy	Yes	Yes
Areadummy	Yes	Yes
N	605	558
R^2	0.328	0.112
F	6.948	4.353

注：第（1）、第（2）列所列的被解释变量是 Debtcost；该模型均控制行业虚拟变量、年度虚拟变量和地区虚拟变量。所有回归均采用调整后的稳健标准误来进行 t 检验，***、**和*分别代表在1%、5%和10%水平上显著。

有企业组中，在控制了一系列相关变量后，企业生态效率与债务
融资成本并无显著关系，t 值是 -0.91；而在非国有企业组中，
企业生态效率与债务融资成本在 10% 的水平上存在显著负相关关
系，t 值是 -1.77。这表明，产权性质的确会对企业生态效率与
债务融资成本的相关关系产生影响，即仅在企业是非国有产权性
质时，企业生态效率与债务融资成本才存在显著负相关关系。换
言之，在非国有企业中，其生态效率越高，越能够带来债权人降
低利息的回报，从而能带来债务融资成本的降低，而在国有企业
中，这种负相关关系则不显著存在。类似地，张圣利（2014）等
的研究也发现，当企业的产权性质是国有企业时，会削弱会计稳
健性与债务成本的相关性，会计稳健性与债务成本负相关关系只
在非国有企业中显著，在国有企业中并不显著。

5.4.2　会计信息质量的影响

债务契约通常以会计信息为基础签订，不同的企业在会计
处理和信息披露过程中的会计政策不尽相同，最后出具的财务
报告信息质量也是不同的。在债务契约关系中，存在一定程度
的信息不对称，债务人是信息优势方，债权人则是信息劣势方，
承受着未来债权价值下降的风险。债务人提供稳健性的会计信
息能够为债权人及时传递企业稳健运营的信号，抵消债权人的
信息弱势地位，降低了债权人承受的风险，从而更易获得风险
折扣，以较低的融资成本获得贷款。森古普塔（Sengupta，
1998）以金融分析师联合会的信息披露评级定义会计信息质量，
以总利息成本、债权到期收益率等定义债务融资成本，发现会
计信息质量与债务融资成本显著负相关。张（Zhang，2008）、
祈等（Qi Y. et al.，2010）和祈等（Qi C. Z. et al.，2010）发
现，会计信息质量高，可以有效降低信息不对称程度，整个市

场的不确定性也能得到有效改善，提高了市场的流动性，从而对债务成本产生影响。类似地，罗莎等（La Rosa F. et al.，2018）、李志军和王善平（2011）均得到相似结果。徐等（Xu S. et al.，2015）通过对房地产行业上市公司信息披露质量分析，发现房地产上市公司信息披露质量越高，其越有可能获得新增贷款，企业的债务成本及债务期限结构也得到显著改善。但也有不一致的观点，尼古拉耶夫和林特（Nikolaev & Lent，2005）在森古普塔（Sengupta，1998）模型基础上，以美国上市公司作为样本，并没有发现会计信息质量与债务融资成本之间显著的负相关关系，他们将原因归结于可能是由于内生性问题的存在。森德等（Sunder et al.，2018）发现，仅仅在已实现会计稳健性程度并不高时，高的会计信息质量才会有助于降低债务成本。普拉托诺娃等（Platonova E. et al.，2018）认为，我国债权人对会计信息质量的识别度不够，导致高质量的会计信息不能得到补偿，甚至可能抬高债务成本。与此同时，企业生态效率的测度是建立在企业会计信息披露质量基础之上的，因此，我们认为，企业会计信息质量可能会对企业生态效率与债务融资成本的这种负相关关系产生影响。

为了验证会计信息质量对本章结论的影响，本书依照会计信息质量的中位数进行划分，将样本分为会计信息质量高和会计信息质量低两个子样本，并分别进行分组回归，其中会计信息质量的计算同前面内生性检验中会计信息质量的计算方法一样，结果如表 5-10 所示。我们发现，在会计信息质量较高的一组中，企业生态效率与债务融资成本没有显著的相关性，t 值是 -0.004，而在会计信息质量较低的一组中，企业生态效率与债务融资成本在1%的水平上显著负相关，t 值是 -6.29。上述结果表明，企业自身会计信息质量的高低会对企业生态效率与债务融资成本的关系产生影响，在自身信息环境良好的企业中，其生态效率好坏并不能给企业的债务成本带来显著影响，而在自身信息环境较差的企业中，其生态效率高从而带来的债务成本的降低作用则会很显著，这与森德等（Sunder et al.，2018）的发现一致。换句话说，只有在面对会计信息质量状况不佳的企业，债权人评估信贷风险拟定债权定价时，才可能会更多考虑其生态效率的表现好坏，以求降低信息不对称带来的风险。基于此，本书认为在其他条件不变的情况下，会计信息质量好的企业，其生态效率与债务成本负相关性会较削弱；在其他条件不变的情况下，会计信息质量差的企业，其生态效率与债务成本负相关性会更显著。

表 5 – 10　　　　　　　会计信息质量差异的分组检验

变量名称	高会计信息质量（1）	低会计信息质量（2）
EE	– 0.004 （– 1.48）	– 0.010 *** （– 6.29）
Size	0.003 （1.39）	– 0.002 （– 1.33）
Lev	– 0.116 *** （– 4.21）	– 0.101 *** （– 12.66）
Roa	0.202 ** （2.35）	0.283 *** （5.31）
Growth	– 0.006 * （– 1.70）	– 0.011 *** （– 3.46）
_cons	0.042 （0.99）	0.161 *** （6.53）
Industrydummy	Yes	Yes
Yeardummy	Yes	Yes
Areadummy	Yes	Yes
N	895	268
R^2	0.220	0.275
F	7.389	5.536

注：第（1）、第（2）列所列的被解释变量是 *Debtcost*；该模型均控制行业虚拟变量、年度虚拟变量和地区虚拟变量。所有回归均采用调整后的稳健标准误来进行 t 检验，***、** 和 * 分别代表在 1%、5% 和 10% 水平上显著。

5.4.3 公司治理的影响

信息风险理论表明，信息不对称带来的风险是不可分散的（Easley & O. Hara，2004），信息不对称可能会引起管理层道德风险，其自利行为可能会损害债权人的利益，降低预期未来现金流量，增加违约风险，故债权人通常会在契约中加入限制性条款并索要更高的风险溢价，提高债务融资成本（Jensen & Meckling，1976）。而能够解决代理问题的公司治理，可以保护投资者，降低潜在流动性风险，为债权人利益提供了保障，使债权人确保其投资得到回报的有效机制（Shleifer & Vishney，1997）。良好的公司治理机制能降低管理层与债权人之间的信息不对称带来的代理成本，也能够缓解股东与债权人之间的代理成本，从而降低公司的债务融资成本。波杰里杰和森古普塔（Bhojraj & Sengupta，2003）检验了董事会的独立性和债务成本之间的关系，发现企业董事会独立性越高，其债务融资成本越低。阿什堡 – 斯凯夫等（Ashbaugh – Skaife et al.，2006）采用多个公司治理变量进行实证检验后发现，公司治理与债务成本负相关。蒋琰和桑莹（2008）以我国沪深两市连续 4 年具有配股资格和贷款资格的 A 股上市公司为样本进行实证分析后发现，上市公司的治理水平有利于降低企业的债务融资成本。同时，由前面实证检验可知，公司治理也是影响企业生态效率的主要因素之一。因此，我们认为，不同的公司治理水平可能会对企业生态效率与债务融资成本的这种负相关关系产生影响。

为了验证公司治理对本章结论的影响，本书借鉴现有文献（曾亚敏，张俊生，2009），分别以董事长、总经理是否二职合一和董事会规模大小两个变量来衡量公司治理水平高低的依据，并依据董事长、总经理是否二职合一和董事会规模是否高于中位数进一步将样本进行分组，分为董事长、总经理二职合一和董事长、总经理二职分离两组、大董事会规模和小董事会规模两组共 4 个子样本，并分别进行分组回归，结果见表 5 - 11。我们发现，企业的董事长、总经理二职合一和董事会规模较小的两组中，企业生态效率与债务融资成本显著负相关，t 值分别是 - 2.33 和 - 1.78，而在在企业的董事长、总经理二职分离和董事会规模较大的两组中，企业生态效率与债务融资成本却无显著相关性。这说明在其他条件不变的情况下，董事长、总经理二职合一的企业与董事长、总经理二职分离的企业相比，其企业生态效率与债务融资成本负相关关系更显著，即在二职合一的企业里，其生态效

表 5 - 11 公司治理差异的分组检验

变量名称	二职合一 （1）	二职分离 （2）	大董事会规模 （3）	小董事会规模 （4）
EE	- 0.018 ** （ - 2.33）	- 0.004 （ - 1.00）	- 0.004 （ - 0.99）	- 0.009 * （ - 1.78）
Size	0.005 （0.43）	0.003 * （1.77）	0.001 （0.40）	0.004 （1.58）
Lev	- 0.141 （ - 1.28）	- 0.104 *** （ - 9.76）	- 0.132 *** （ - 3.95）	- 0.104 （ - 1.18）
Roa	0.173 （0.66）	0.219 *** （5.12）	0.174 * （1.89）	0.243 *** （3.70）
Growth	- 0.020 *** （ - 3.81）	- 0.002 （ - 1.17）	- 0.004 （ - 1.07）	- 0.008 ** （ - 2.54）
_cons	0.102 （0.52）	0.030 （0.68）	0.085 （1.19）	0.021 （0.30）
Industrydummy	Yes	Yes	Yes	Yes
Yeardummy	Yes	Yes	Yes	Yes
Areadummy	Yes	Yes	Yes	Yes
N	224	922	763	400
R^2	0.287	0.256	0.242	0.257
F	5.746	7.962	4.338	5.492

注：第（1）～（4）列所列的被解释变量是 *Debtcost*；该模型均控制行业虚拟变量、年度虚拟变量和地区虚拟变量。所有回归均采用调整后的稳健标准误来进行 t 检验，***、** 和 * 分别代表在1%、5%和10%水平上显著。

率越高，其债务融资成本显著越低；在其他条件不变的情况下，董事会规模小的企业与董事会规模大的企业相比，其企业生态效率与债务融资成本负相关关系更显著，即在董事会规模越小的企业里，其生态效率越高，其债务融资成本显著越低。也就是说，公司治理水平的高低的确会对企业生态效率与债务融资成本的关系产生影响，公司治理水平较高时，缓解了信息不对称程度，降低了信贷风险和融资成本，债权人对企业生态效率表现的依赖程度降低，从而削弱了企业生态效率与债务融资成本的负相关性，而公司治理水平较差时，债权人则会更依赖于企业的生态效率表现来降低信息不对称程度，识别企业的信贷风险，此时企业生态效率与债务融资成本的关系会更显著。

5.4.4 地区市场化水平的影响

理论上说，统一的市场内部各地区间不应存在显著的风险差异，但我国国土地域辽阔，在改革开放的进程中，经历了由点到面，由东向西，由沿海向内地不断延伸的路径，导致我国各个地区制度环境发展不均衡的局面（樊纲等，2011；刘慧龙等，2014），尤以市场化程度、金融发展水平及法律水平这三方面最为突出。钱和斯特拉恩（Qian & Strahan，2007）指出，在新兴经济体中，银行信贷决策不仅需要评估债务人的资信水平，同时还要考虑当地的发展水平。一般而言，较高的市场化程度、金融发展水平及良好的法律环境能够促进资本的有效配置，信贷资金分配市场化程度也较高。处于此地区的企业，在进行债务融资时，金融发展水平较高，可获得的融资渠道较多，信贷中介和参与人较多，信贷信息的共享更加充分，受到的融资约束相对宽松，受到的法律约束更多，信贷双方均有充分的替代选择，信贷提供者能够更加准确地评估信贷需求者的风险，从而更加精确地对债务融资进行定价，信贷资金配置会更偏向稳健和安全的信贷需求客户，以利于降低信贷风险（王彦超等，2016；Min Zhang，2018）。而在信贷资金分配市场化程度低的地区，信贷双方都缺乏替代选择，信息不对称程度较高，流动性风险可能会较大，不利于债务融资成本的充分定价。同时，由于中央政府的非均衡性策略选择，加之地区发展不同路径，造就了地方法律环境的差异化，这也使得债权人在不同地区的债务面临着不同的违约风险。例如基于诉讼管辖"原告从被告"的原则，当债权人在不同地区主张债权和追偿债务时，会面临需要承担不同的成本，在法制进程较落后的地区，债权人通过诉讼解决债务纠纷的成本较高，这种潜在的诉讼成本在一定条件下会转化为债务融资成本的一部分。傅代国等（2012）、王彦超等（2016）研究发现，地区法律环境的改善能够显著降低当地上市公司的债务成本。因此，我们认为，地区市场化程度的差异可能会对企业生态效率与债务融资成本的这种负相关关系产生影响。

为了验证地区市场化差异对本章结论的影响，本书依据地区市场化指数是否高于中位数进行划分，将样本分为高市场化水平地区和低市场化水平地区两个子样本，并分别进行回归，结果如表 5 - 12 所示。需要特别说明的是，这里的地区是指样本企业注册地所在的地区。我们发现，在市场化水平较高的一组，企业生态效率与债务融资成本并无显著相关性，t 值是 - 1.45，而在市场化水平较低的一组，企业生态效率与债务融资成本在 10% 的水平上显著负相关，t 值是 - 1.85。这说明，企业生态效率对债务成本的负相关关系，只在低市场化水平地区组中显著，在高市场化水平地区并不显著。造成这种结果的原因，我们认为，如前面所述，在市场化程度、金融发展水平及法律环境较高的地区，企业的债务融资渠道更多，信贷信息共享更加充分，面临的融资约束较少，法律诉讼风险相对较低，债权人拥有更多的替代选择来获取所需的信息，这大大削弱了债权人对企业生态效率表现的依赖程度，从而导致企业生态效率与债务融资成本无显著相关性。而在市场化水平较低的地区，债权人可选择的信息渠道有限，则更倾向于依赖企业生态效率的表现来拟定对债务人融资成本的定价，当债务人企业生态效率表现良好时，更能带来债务成本的降低。因此，本章认为，地区市场化程度的差异会对企业生态效率与债务融资成本的这种负相关关系产生影响，在其他条件不变的情况下，地区市场化水平较高的地区，企业生态效率与债务成本负相关性不会十分明显；而地区市场化水平较低的地区，这种负相关性会更加显著。

表 5 – 12　　　　　　　地区市场化差异的分组检验

变量名称	高市场化水平地区（1）	低市场化水平地区（2）
EE	-0.016	-0.008 *
	(-1.45)	(-1.85)
Size	0.003	0.002
	(0.28)	(0.42)
Lev	-0.256 **	-0.105 ***
	(-1.99)	(-4.04)
Roa	0.381	0.184 *
	(1.36)	(1.83)
Growth	-0.019	-0.003
	(-1.22)	(-1.60)
_cons	0.162	0.076
	(0.72)	(1.02)
Industrydummy	Yes	Yes
Yeardummy	Yes	Yes
Areadummy	Yes	Yes
N	418	745
R^2	0.107	0.137
F	8.400	4.416

注：第（1）、第（2）列所列的被解释变量是 Debtcost；该模型均控制行业虚拟变量、年度虚拟变量和地区虚拟变量。所有回归均采用调整后的稳健标准误来进行 t 检验，＊＊＊、＊＊和＊分别代表在1%、5%和10%水平上显著。

5.4.5　企业生态效率不同维度的影响

除了上述对企业生态效率与债务融资成本关系产生影响的因素外，在第 3 章中我们将企业生态效率分设了多个维度。那么，不同维度对企业债务成本会有何不同的影响呢？企业在哪些维度的改善更能带来债务融资成本的降低呢？为此，本书将四个维度的测度值分别与企业债务成本进行回归，得到表 5 – 13 的结果。

表 5 – 13　　企业生态效率不同维度对债务成本的影响

变量名称	(1)	(2)	(3)	(4)
Awareness	- 0. 012 ** (- 2. 30)			
Process		- 0. 001 *** (- 2. 65)		
Form			- 0. 012 (- 0. 96)	
Legality				0. 004 (0. 89)
Size	- 0. 001 (- 0. 13)	0. 001 (0. 46)	- 0. 000 (- 0. 04)	- 0. 001 (- 0. 27)
Lev	- 0. 153 *** (- 3. 15)	- 0. 142 *** (- 3. 33)	- 0. 144 *** (- 3. 08)	- 0. 095 *** (- 5. 18)
Roa	0. 306 *** (2. 58)	0. 267 *** (2. 69)	0. 274 ** (2. 55)	0. 288 *** (3. 22)
Growth	- 0. 009 * (- 1. 82)	- 0. 006 * (- 1. 90)	- 0. 008 ** (- 2. 04)	- 0. 003 (- 0. 63)
_cons	0. 144 * (1. 76)	0. 093 (1. 49)	0. 134 * (1. 95)	0. 109 * (1. 66)
Industrydummy	Yes	Yes	Yes	Yes
Yeardummy	Yes	Yes	Yes	Yes
Areadummy	Yes	Yes	Yes	Yes
N	1074	1219	1163	534
R^2	0. 109	0. 106	0. 104	0. 273
F	5. 221	5. 758	5. 963	5. 881

注：第 (1) ~ (4) 列所列的被解释变量是 Debtcost；该模型均控制行业虚拟变量、年度虚拟变量和地区虚拟变量。所有回归均采用调整后的稳健标准误来进行 t 检验，*** 、** 和 * 分别代表在 1% 、5% 和 10% 水平上显著。

我们发现，企业的生态保护意识和生态效率管理过程两个维度与债务融资成本具有显著的负相关关系，而信息披露和合法性两个维度与债务融资成本没有显著的相关性。这表明，债权人在对重污染行业信贷风险评估时，尤其会关注其整体的生态环保风险，当企业在事前和事中恰当降低了其环保风险，债权人捕捉到此类信息，会适当降低其所需的风险补偿。换言之，企业的生态保护意识（事前）和生态效率管理过程（事中）两个维度是企业生态效率能否影响债务融资成本的关键。而信息披露和合法性两个维度，正如第 4 章实证分析所述，在样本所包括的年度区间和行业范围内，受政府监管压力较大，各企业在信息披露和合法性维度上的表现较为一致，不足以成为降低债权人信贷风险的核心因素，对债务融资成本没有显著的影响作用。基于此，本书认为，作为债务人的企业，改善其生态效率的重点应当放在加强生态保护意识和完善生态效率管理过程，这样更易获得竞争优势，降低自身的风险。

5.5　稳健性检验

为了保证结果的可靠性，避免变量选择带来的偏差，本章进行了相关的稳健性检验。由于企业生态效率的测度是基于内容分析法进行手工整理得出的，且企业债务成本的计算也有不同计算方法，因此，为了检验上述结果的稳健性，本章将生态效率（*EE*）的测度值和债务成本（*Debtcost*）均采用不同的方法进行测算。表 5 – 14 第（1）列中改变了被解释变量（*Debtcost*）的计算方法，即债务成本等于债务利息费用/公司借款总额（陈汉文和周中胜，2014），解释变量企业生态效率的计算方法依旧是对所得的生态效率测度总分值取自然对数。我们观察到，企业生态效率仍与债务成本显著负相关，t 值是 -1.96，R^2 值是 0.232，F 值是 8.336。可见，改变被解释变量债务成本计算方法后，实证结果与主回归结果一致，本书假设 5.1 的推论依然成立。

表 5 – 14　　　　　　　　　　稳健性检验

变量名称	（1）	（2）
EE	-0.006^{**} （-1.96）	-0.001^{**} （-2.39）
Size	0.003 （1.14）	0.001 （0.43）
Lev	-0.112^{***} （-4.76）	-0.142^{***} （-3.33）
Roa	0.217^{***} （2.74）	0.269^{***} （2.71）
Growth	-0.007^{**} （-2.53）	-0.006^{*} （-1.88）
_cons	0.055 （1.22）	0.097 （1.56）
Industrydummy	Yes	Yes
Yeardummy	Yes	Yes
Areadummy	Yes	Yes
N	1163	1219
R^2	0.232	0.105
F	8.336	5.833

注：第（1）、第（2）列的被解释变量均是 Debtcost；每个模型均控制行业虚拟变量、年度虚拟变量和地区虚拟变量。所有回归均采用调整后的稳健标准误来进行 t 检验，***、** 和 * 分别代表在 1%、5% 和 10% 水平上显著。

表 5 – 14 第（2）列中改变了解释变量企业生态效率的计算方法，将所得的生态效率测度总分值进行标准化处理，即将样本公司的生态效率所得的总分除以最大可能得分，并经过百分制处理（武恒光和王守海，2016），以最终的得分作为表 5 – 14 中第（2）列的解释变量企业生态效率（EE）的测度值，被解释变量债务成本的计算方法依旧是企业的债务利息支出/企业的平均负债总额，其中，企业的平均负债总额等于企业期初负债加上企业

期末负债后除以二（Cheung Y. L. et al.，2018；倪娟和孔令文，2016；Hsu F. J. & Chen Y. C.，2015）。我们观察到，企业生态效率仍与债务成本呈现出显著负相关关系，t 值是 -2.39，R^2 值是 0.105，F 值是 5.833。可见，在对生态效率采用不同方法度量后，实证结果与主回归结果一致，本书假设 5.1 的推论依然成立。因此，我们通过对被解释变量和解释变量采用不同的计算方法度量后，发现本章的假设推论依然成立，可在一定程度上说明本章的结论具有稳健性。

5.6 本章小结

本章的研究立足于企业与债权人关系视角，探讨企业生态效率改善可能带来的经济后果：即企业生态效率的高低，能否影响到债权人对债务回报率的要求。基于 2013～2015 年 A 股重污染行业上市公司的样本，对企业生态效率和债务成本进行实证分析后发现，企业生态效率的表现的确能够影响到债务成本。具体来说，企业生态效率高的公司，其债务成本显著更低。在进行了 Heckman 两阶段处理效应模型检验、倾向得分匹配检验和引入一些遗漏变量以期降低可能的内生性问题后，发现上述结果依然成立。进一步地，本章发现，在非国有企业、会计信息质量低的企业、公司治理环境较差的企业及当企业所处地区的市场化水平较低时，其生态效率越高，越能带来债务成本的降低。原因可能在于非国有企业、会计信息质量低的企业、公司治理环境较弱的企业、所处地区的市场化水平较低的企业，自身的信贷风险偏高，信息不对称程度较高，而此时，企业生态效率的表现成为债权人有效地评估信贷风险的重要依据，在这样的企业中，生态效率表现优异的企业更容易获得低成本的债务融资。同时，本章进一步探究了在生态效率测度的四个维度中，债权人更关注哪些维度的信息。实证结果表明，债权人更看中企业的生态保护意识和生态效率管理过程，而对于信息披露的方式和企业合法性并没有发现显著结果。这一发现，有助于企业更好地有侧重点地改善生态效率。最后，本章通过改变被解释变量和解释变量不同的度量方法来进行了稳健性测试，我们发现上述结果依然成立。故此，本章得出如下结论：改善企业生态效率的经济后果之一是，企业生态效率与企业的债务融资成本显著负相关，且在非国有企业、会计信息质量低的企业、公司治理环境较弱的企业、所处市场化水平较低地区的企业，这种负相关关系更显著。

第6章

企业生态效率与审计费用

本章主要研究重污染行业中企业生态效率与审计费用之间的关系，讨论企业生态效率的高低能否降低或提高企业的审计费用，即考察企业生态效率与中介机构（会计师事务所）之间的关系。具体内容安排如下：6.1 节分析企业生态效率与审计费用相关性的理论基础，并提出相应假设；6.2 节对研究样本、相关变量和实证模型等进行说明；6.3 节详细探讨实证结果；6.4 节开展进一步研究，探讨哪些因素会对这种关系有影响作用；6.5 节进行稳健性检验；6.6 节为本章小结。

6.1 理论分析与研究假设

依据中国注册会计师审计准则的相关文件规定，注册会计师在对上市公司进行财务报表审计业务时，需要及时关注该上市公司是否披露相关的环境事项，并合理评估其导致财务报表重大错报风险的可能性。环境信息与企业（尤其是重污染行业企业）的经营活动密切相关，环境事项可能隐含未来风险，会对财务报表带来重大的现时和潜在后果。具体来说，注册会计师需要了解被审计单位的业务性质、地点及所需遵守的环境法规，这决定了环境事项对被审计企业财务报告影响的大小，同时与环境有关的新的立法可能会给被审计企业带来不确定性，注册会计师在评估财务报告的误导和遗漏风险时需重视。此外，环境信息对重污染行业企业是重要的，注册会计师应该关注这些企业的环境风险及其对可持续经营的影响。

在审计实务中，注册会计师评估审计收费主要考虑两个方面：一是审计过程中审计工作量自然发生的成本，如审计人员外勤、出具审计报告等；二是审计失败可能带来的诉讼风险等各种风险补偿价格。其中，对会计师事务所和注册会计师而言，审计风险是他们重点考虑的因素，决定着最终审计费用的收取（Simunic，1980）。注册会计师为了降低自身的审计风险，将审计风险降至可接受的水平，这需要了解被审计单位及其环境，获取更多的有效信息，降低信息不对称程度，识别和评估财务报表的重大错报风险，并以此设计和执行相应的审计程序。

伍利娜（2003）采用来自中国上市公司审计费用数据发现，审计费用定价的影响因素包括公司规模，是否由国际"四大"事务所审计，及被审计公司的资产收益率是否处于"保资格"的区间。周冬华和赵玉洁（2015）从"信息中介—审计风险—审计费用"这一途径研究分析师跟进与审计费用之间的关系，发现分析师跟进与审计费用显著负相关，进一步研究发现，这种负相关关系取决于会计师事务所依赖分析师研究报告的程度，对于信息自给能力强的会计师事务所，其依赖分析师的程度较低。换言之，分析师跟进降低了信息不对称程度，进而降低了审计风险，从而一定程度上降低了会计师事务所审计收费的标准。韩丽荣等（2014）在控制其他影响因素的条件下，发现企业政府环境补贴越高，审计费用越低，与未披露社会责任报告的企业相比，披露社会责任报告的企业审计费用更低。陈等（Chen et al.，2012）以企业自愿披露社会责任信息为出发点并进行实证检验发现，注册会计师对社会责任履行较好的企业收取更低的审计费用。但陈淑芳和僧会远（2016）却认为，重污染行业上市公司环境信息披露越详细，注册会计师需要投入的审计资源会越多，从而审计收费越高。这表明，注册会计师越来越不单单只关注财务信息，也会关注环境信息，尤其对处于环境风险较高的企业。在环境风险高的企业中，企业整体的环境信息对于注册会计师而言就更为有价值了。实务中，面对高环境风险的上市公司，注册会计师需要关注其公开披露的财务和环境信息，从而对上市公司的整体信息披露水平作出判断，并评估特定环境事项可能对公司财务相关报告产生重大错报风险的影响。被审计公司的信息质量与注册会计师所面临的审计风险紧密相关（薄仙慧和吴联生，2011），审计风险是注册会计师估算审计收费的一项重要依据（Gotti G. et al.，2012），被审计公司的信息环境与审计收费之间应该存在一定的关联性（施先旺等，2015）。而企业生态效率指标，是综合反映企业财务和环境信息质量的指标，其测度值高时，表明企业的财务信息和环境信息质量高，一定程度上降低了信息不对称的程度。因此，我们认为当注册会计师关注到企业生态效率相关信息时，有助于降低审计风险，从而适当降低审计费用。故本章提出假设6.1。

假设6.1：企业生态效率与审计费用负相关，即企业生态效率越高的企业，其审计费用越低。

6.2 研究设计

6.2.1 样本选择和数据来源

与前面类似，本章选取2013~2015年中国证券市场重污染行业的A股上市公司作为初始研究样本，样本的具体选择过程和数据来源与第 4 章样本选择过程和数据来源一致，在此不再赘述。为了保证研究结论的可靠性和准确性，本章研究中剔除了 ST 公司和所选变量存在缺失值的样本。为了降低极端值对回归结果的干扰，本章对所有连续变量在 1% 和 99% 分位上进行了缩尾处理。同时，考虑到当期企业生态效率只会影响到下期的审计费用，故本章对审计费用的数据取 2014 ~ 2016 年数据进行回归分析，这样做也可以减轻内生性问题（梁上坤和陈冬华，2015）。

6.2.2　研究变量

6.2.2.1　被解释变量

本章的被解释变量是审计费用（$Audit-fee$）。2001 年 12 月，证监会规定上市公司应在年报中披露其聘任、解聘会计师事务所的情况，并报告年度支付给聘任会计师事务所的报酬情况，并且在随后发布的《公开发行证券的公司信息披露规范问答》第 6 号文件中对上市公司披露支付给会计师事务所报酬的内容和形式作了具体的规定，故该指标源自公司年报披露的审计费用。

6.2.2.2　解释变量

本章的主要解释变量为企业生态效率（EE）。与前面实证中的解释变量一致，参照第 3 章中构建的企业生态效率测度体系，本章对样本企业的对外报告逐条进行评分，得到企业生态效率的测度值。

6.2.2.3　控制变量

影响审计费用的因素很多，综合前人的研究（薄仙慧和吴联生，2011；Gotti G. et al.，2012；施先旺等，2015），本章主要从公司层面和会计师事务所层面进行控制，由于本章样本全部选自重污染行业，故本章研究中没有再次控制行业特征。

公司规模（$Size$）：公司年末总资产的自然对数值。

杠杆率（*Lev*）：杠杆率采用资产负债率来衡量，即负债总额/资产总额。

盈利能力（*Roa*）：本章采用资产收益率指标作为衡量公司盈利能力的变量。资产收益率是用来衡量每单位资产创造多少净利润，是公司的净利润与总资产的比率。

是否是"四大"会计师事务所（*Big*4）：该变量采用虚拟变量，依据是公司年报签署审计报告的会计师事务所是否是国际"四大"会计师事务所，即毕马威、德勤、安永和普华永道，是则定义为1，否则定义为0。

审计质量（*Audit* – *type*）：审计质量采用审计后会计师事务所对年报内容出具的意见类型来衡量，现有的审计意见类型共有5种，分别是标准的无保留意见、带强调事项的无保留意见、保留意见、否定意见及无法发表意见。该指标采用虚拟变量。当出具的审计意见是标准无保留意见时，则定义为1，其他类型审计意见均定义为0.

年度特征（*Yeardummy*）：全球经济环境的不确定性大，国内外宏观经济形势复杂多变，为此，本章引入一系列年度虚拟变量控制样本公司的年份，降低不同年度宏观因素对研究结果的影响。

综上所述，本章的被解释变量和解释变量及控制变量的定义，如表6-1所示。

表 6-1　　　　　　　　　　变　量　定　义

变量名称	变量符号	变量描述
审计费用	*Audit* – *fee*	支付给会计师事务所的审计费用（以百万元为单位）
企业生态效率	*EE*	企业生态效率测度值的自然对数
公司规模	*Size*	年末总资产的自然对数
资产负债率	*Lev*	负债总额/资产总额

变量名称	变量符号	变量描述
总资产收益率	Roa	净利润/总资产
是否是"四大"会计师事务所	$Big4$	虚拟变量，公司年报由国际"四大"会计师事务所审计则取值为1，否则取值为0
审计质量	$Audit-type$	虚拟变量，以上年度公司年报的审计意见类型为依据，"标准无保留意见"取值为1，其他意见类型均取值为0
年度特征	$Yeardummy$	年度虚拟变量

6.2.3　检验模型

本章以企业的审计费用作为被解释变量，企业生态效率作为解释变量，控制公司规模、杠杆率、盈利能力、会计师事务所类型、审计质量、年度特征等因素（见表6-1），构建多元回归模型如公式（6.1）。为确保检验结果的稳健，本章回归均采用调整后的稳健标准误来进行 t 检验，通过聚类分析（Cluster analysis）来降低异方差的影响。若 EE 的回归系数 β_1 显著小于0，则说明生态效率高的企业，其审计费用较低。

$$Audit-fee_{i,t} = \beta_0 + \beta_1 EE_{i,t-1} + \beta_2 Size_{i,t-1} + \beta_3 Lev_{i,t-1} + \beta_4 Roa_{i,t-1}$$
$$+ \beta_5 Big4_{i,t-1} + \beta_6 Audit-type_{i,t-1} + \beta_7 Yeardummy + \varepsilon_{i,t}$$

$$(6.1)$$

6.3　实　证　结　果

6.3.1　描述性统计分析

表6-2是主要变量的描述性统计结果，其中，被解释变量审计费用（$Audit-fee$）的均值是2.140，中位数是0.978，从平均水平来看，样本企业的审计费用是214万元左右。解释变量生

态效率（*EE*）均值是 2. 305，中位数是 2. 398，标准差是 0. 723，与前面实证中的结果基本一致。公司规模、杠杆率及公司盈利能力的样本分布比较均匀，与前面实证结果基本一致。与前面实证相比，本章中新添加了与审计费用密切相关的会计师事务所特征和审计报告质量两个变量，通过描述性统计发现，样本企业中仅有 8. 8% 的公司是聘请国际"四大"会计师事务所审计其公司年报，大部分企业选择由非"四大"会计师事务所来进行审计工作。同时，96. 5% 样本企业的公司年报审计意见类型是标准无保留意见，符合目前上市公司年报审计意见类型的现状。

表 6 – 2 主要变量的描述性统计

变量名称	均值	中位数	标准差	最小值	最大值	样本量
Audit – fee	2. 140	0. 978	4. 568	0. 300	34. 40	1172
EE	2. 305	2. 398	0. 723	0. 693	3. 761	1172
Size	22. 66	22. 40	1. 525	19. 98	27. 32	1172
Roa	0. 024	0. 021	0. 053	– 0. 187	0. 184	1172
Lev	0. 479	0. 476	0. 215	0. 060	0. 928	1172
*Big*4	0. 088	0	0. 282	0	1	1172
Audit – type	0. 965	1	0. 183	0	1	1172

注：各变量定义见表 6 – 1。

6. 3. 2 相关性分析

表 6 – 3 为变量的 Pearson 相关系数表。可以观察到，与前文的预测并不一致，企业生态效率（*EE*）与审计费用（*Audit – fee*）是显著正相关。公司规模（*Size*）、会计师事务所是否属于国际"四大"会计师事务所（*Big*4）及杠杆率（*Lev*）与审计费用（*Audit – fee*）显著正相关，这与现有研究（周冬华和赵玉洁，2015；Gotti G. et al，2012）结论一致，其中公司规模与审计费用的相关系数高于 0. 6。可见，相关性分析并不完全支持假设 6. 1，这可能是由于相关性分析时并未控制其他因素，因此，要

得到更稳健的结论，需要在控制其他因素的情况下采用多元回归进行检验。

表 6 – 3　　　　　　　　　主要变量的 Pearson 相关系数

变量名称	VIF	（1）	（2）	（3）	（4）	（5）	（6）
$Audit-fee$	1.53	1					
EE	1.31	0.255***	1				
$Size$	2.28	0.604***	0.482***	1			
Roa	1.28	−0.0250	−0.0270	−0.063**	1		
Lev	1.82	0.204***	0.223***	0.503***	−0.408***	1	
$Big4$	1.38	0.577***	0.263***	0.471***	0.067**	0.088***	1
$Audit-type$	1.10	0.0390	−0.00800	0.073***	0.248***	−0.191***	0.059**

注：***、**和*分别代表在1%、5%和10%水平上显著，VIF（variance inflation factors）为方差膨胀因子。

　　进一步地，本章计算了各变量的膨胀因子 VIF 值，VIF 均值是 1.53，其中，公司规模与审计费用的 VIF 值是 2.28，所有变量的 VIF 值均在 10 以内，说明本章实证模型中并不存在严重的多重共线性问题，为了更进一步避免多重共线性的问题，本章在后续的回归分析中对变量进行了正交化①处理。

6.3.3　回归分析

　　为了得到企业生态效率与审计费用之间更稳健的关系，本章在回归分析时控制了公司层面和事务所层面的一系列变量后，同时对变量进行了正交化处理，这样做是为了进一步避免多重共线性的问题。

　　表 6 – 4 报告了假设 6.1 的检验结果。我们发现，企业生态效率（EE）与审计费用（$Audit-fee$）在 1% 的水平上显著负相关，系数是 −0.202，T 值是 −4.52，即对于企业生态效率高的企业其审计费用越低，该结果支持假设 6.1 的推论。相应的控制变量，

―――――――――

　　①　这里的正交化是施密特正交化（Schmidt orthogonalization），目的是将一组线性无关的向量变成一单位正交向量组。

公司规模（*Size*）与审计费用（*Audit - fee*）在 1% 的水平上显著正相关，符合预期。公司的规模越大，其经济业务和会计事项越多，固有风险越大，相应地注册会计师在审计时需要扩大审计测试的范围、增加审计的程序、延长审计的时间等，随之的审计收费也就越高（伍利娜，2003）。公司杠杆率（*Lev*）、盈利能力（*Roa*）与审计费用（*Audit - fee*）显著负相关，与张娟和黄志忠（2014）结论一致。会计师事务所是否为"四大"（*Big*4）与审计费用（*Audit - fee*）在 1% 的水平上显著正相关，即"四大"会计师事务所收费更高，这也早已被众多文献所证实（牟韶红等，2014；Chaney，2002；韩丽荣等，2014；伍利娜，2003）。高品牌的会计师事务所，更可能具备高质量的注册会计师，过硬的专业能力和良好的职业道德，其收费自然更高。公司上年度年报审计

表 6 - 4　　企业生态效率与审计费用相关性的基本回归

变量名称	模型（1）
EE	- 0. 202 ***
	（ - 4. 52）
Size	0. 369 ***
	（7. 75）
Lev	- 0. 419 **
	（ - 2. 27）
Roa	- 0. 831 **
	（ - 2. 03）
*Big*4	1. 330 ***
	（6. 04）
Audit - type	- 0. 117 **
	（ - 2. 11）
_ *cons*	- 8. 149 ***
	（ - 8. 28）
Yeardummy	Yes
N	1172
R^2	0. 568
F	33. 472

注：第（1）列所列的被解释变量 *Audit - fee*；该模型均控制年度虚拟变量。所有回归均采用调整后的稳健标准误来进行 t 检验，***、** 和 * 分别代表在 1%、5% 和 10% 水平上显著。

意见类型与审计费用显著负相关，即公司上年度年报审计意见是"标准无保留"意见的，可以降低公司的审计费用，与陈淑芳和僧会远（2016）的结果一致。

6.3.4 处理内生性

本章的研究无法完全排除内生性问题的影响。因此，我们采用 Heckman 两阶段方法、倾向得分匹配方法、进一步控制潜在遗漏变量及固定效应检验四种方法来处理内生性，以求降低内生性问题对本章结论的干扰。

6.3.4.1 Heckman 两阶段处理效应检验

与第 5 章相似，我们同样借鉴龚等（Gong et al.，2017）、史黛纳等（Stellner C. et al.，2015）的做法，采用赫克曼（Heckman，1979）两阶段处理效应检验，来控制潜在的自选择问题对实证结果的影响。我们按照企业生态效率测度值 EE 是否等于零，将样本分为两组。处理效应模型第一阶段是 Logit 回归，因变量是企业生态效率的虚拟变量，并且在回归模型中加入公司规模（$Size$）、资产负债率（Lev）、盈利能力（Roa）、是否由"四大"会计师事务所审计（$Big4$）和审计意见类型（$Audit-type$）等变量，并控制了年度虚拟变量，具体的变量定义见表 6-1 的变量定义表。第一阶段的回归模型为：

$$EE_{i,t} = \beta_0 + \beta_1 Size_{i,t} + \beta_2 Lev_{i,t} + \beta_3 Roa_{i,t} + \beta_4 Big4_{i,t}$$
$$+ \beta_5 Audit-type_{i,t} + \beta_6 Yeardummy + \varepsilon_{i,t} \qquad (6.2)$$

而处理效应模型的第二阶段是在本章主回归的基础上，进一步控制了逆米尔斯比率（IMR）。具体地说，在此因变量是企业审计费用（$Audit-fee$），企业生态效率（EE）是我们关注的变量，同时，除了控制公司规模（$Size$）、资产负债率（Lev）、盈利能力（Roa）、是否由"四大"会计师事务所审计（$Big4$）和审计意见类型（*Audit - type*）变量外，我们还进一步控制了 *IMR* 及年度虚拟变量。第二阶段的回归模型为：

$$Audit - fee_{i,t} = \beta_0 + \beta_1 EE_{i,t-1} + \beta_2 IMR + \beta_3 Size_{i,t-1} + \beta_4 Lev_{i,t-1}$$

$$+ \beta_5 Roa_{i,t-1} + \beta_6 Big4_{i,t-1} + \beta_7 Audit - type_{i,t-1}$$

$$+ \beta_8 Yeardummy + \varepsilon_{i,t} \tag{6.3}$$

表 6 - 5 是处理效应模型第二阶段的回归结果。结果显示，在处理效应模型控制了选择性偏差带来的影响后，企业生态效率仍然在 1% 的水平上显著影响企业的审计费用，*t* 值是 - 4.64，说明选择性偏差对本章的主要结论影响有限。同时，逆米尔斯比（*IMR*）系数在统计意义上并不显著，说明样本选择性偏差问题在本章研究中并不严重。

表 6 - 5   **Heckman 两阶段处理效应检验**

变量名称	第二阶段
EE	- 0.202 ***
	(- 4.64)
IMR	- 0.327
	(- 1.30)
Size	0.386 ***
	(7.00)
Lev	- 0.430 **
	(- 2.41)
Roa	- 0.876 *
	(- 1.96)
*Big*4	1.316 ***
	(6.01)
Audit - type	- 0.084 *
	(- 1.73)
_ cons	- 8.613 ***
	(- 7.20)
Yeardummy	Yes
N	1172
R^2	0.569
F	30.287

注：第二阶段列所列的被解释变量 *Audit - fee*；所有回归均采用调整后的稳健标准误来进行 t 检验，*** 、 ** 和 * 分别代表在 1% 、5% 和 10% 水平上显著。

6.3.4.2 倾向得分匹配方法

进一步地，与第 5 章相似，本章仍采用倾向得分匹配模型（propensity score matching，PSM）来控制潜在的自选择问题和遗漏变量问题对实证结果的影响。参照第 5 章中对自变量企业生态效率的处理，考虑到本书的企业生态效率变量不是 0～1 虚拟变量，首先以企业生态效率测度值（*EE*）是否等于零分，将样本分为两组。接下来借鉴达利瓦尔等（Dhaliwal et al.，2016）及王雄元和高开娟（2017）的做法，进行倾向得分匹配以控制企业生态效率与审计费用相关性回归中的选择性偏差和遗漏变量问题。具体过程如下：与第 5 章倾向得分匹配过程保持一致，本章选定企业规模（*Size*）、产权性质（*Soe*）、成长性（*Growth*）、董事会规模（*Boardsize*）、企业价值（*Value*）和政府监督（*Gov*）作为协变量，采用半径匹配法和核匹配法，并按照年度、行业和地区进行匹配运算，结果如表 6－6 所示。从表 6－6 中的 A 组我们发现，无论是半径匹配法下，还是核匹配法下，匹配前处理组和控制组中的变量存在很大差异，匹配后大多数变量的组间差异显著降低，且 T 值均不显著。如公司规模变量，在半径匹配法下，组间差距由匹配前的 －89.0% 下降到匹配后的 0.1%，而在核匹配法下，组间差距由匹配前的 －89.0% 下降到匹配后的 －1.6%；公司产权性质变量，在半径匹配法下，组间差距由匹配前的 －48.5% 下降到匹配后的 1.0%，而在核匹配法下，组间差距由匹配前的 －48.5% 下降到匹配后的 －5.0%。进一步的，表 6－6 中的 B 组报告了匹配前后上述变量的整体组间差异。可以看到，匹配后的组间差异（MeanBias & MedBias）均小于 10，且匹配后的 P 值不显著，这说明通过倾向得分匹配后，两组样本得到很好的平衡。

表 6 – 6　　　　　　　　　**PSM 平衡面板检验**

A 组：控制变量差异变化

变量名称	配对前后	半径匹配				核匹配			
		处理组	控制组	S/B（%）	T 值	处理组	控制组	S/B（%）	T 值
Size	U	21.443	22.382	– 89.0	– 5.34	21.443	22.382	– 89.0	– 5.34
	M	21.671	21.669	0.1	0.01	21.563	21.58	– 1.6	– 0.09
Soe	U	0.173	0.386	– 48.5	– 3.07	0.173	0.385	– 48.5	– 3.07
	M	0.154	0.150	1.0	0.05	0.159	0.181	– 5.0	– 0.27
Growth	U	0.319	0.148	21.3	2.00	0.319	0.148	21.2	2.00
	M	0.194	0.448	– 31.4	– 1.03	0.206	0.225	– 2.4	– 0.11
Boardsize	U	2.067	2.126	– 29.9	– 2.05	2.067	2.123	– 29.9	– 2.05
	M	2.061	2.093	– 16.4	– 0.70	2.063	2.094	– 15.9	– 0.74
Value	U	563.64	11.981	22.7	4.04	563.64	11.981	22.7	4.04
	M	29.445	37.577	– 0.3	– 0.58	29.794	46.619	– 0.7	– 1.21
Gov	U	44.291	46.84	– 19.0	– 1.31	44.291	46.84	– 19.0	– 1.31
	M	44.489	45.041	– 4.1	– 0.18	44.26	44.08	– 1.3	0.06

B 组：总体差异变化

配对前后	半径匹配				核匹配			
	LR chi2	p > chi2	MeanBias	MedBias	LR chi2	p > chi2	MeanBias	MedBias
U	55.43	0.000	38.4	26.3	55.43	0.000	38.4	26.3
M	2.41	0.879	8.9	2.5	2.82	0.832	4.5	2.0

注：处理组指企业没有披露任何生态效率，即企业生态效率为 0，控制组指企业披露生态效率信息，即企业生态效率不为 0；U 和 M 分别为匹配前和匹配后。

接下来，基于匹配好的样本，依据模型（6.1）再次进行回归，回归结果如表 6 – 7 所示。我们观察到，在应用 PSM 方法进行样本匹配后，回归所使用的样本数量降低，但企业生态效率与审计费用相关性的回归系数仍然显著为负。其中，在半径法匹配后的样本组里，企业生态效率与审计费用相关性的回归结果在 1% 水平上显著负相关，t 值是 – 2.76，而在核匹配后的样本组里，企业生态效率与审计费用相关性的回归结果在 10% 水平上显著负相关，t 值是 – 1.70，均支持假设 6.1 的推论，这表明，在使用 PSM 方法后前面得到的结论依然成立。

表 6 – 7　PSM 匹配后检验企业生态效率与审计费用相关性的回归表

变量名称	模型（1）	模型（2）
EE	- 0. 062 *** （ - 2. 76）	- 0. 043 * （ - 1. 70）
Size	0. 369 *** （14. 70）	0. 362 *** （15. 05）
Lev	- 0. 105 （ - 0. 88）	- 0. 085 （ - 0. 69）
Roa	- 0. 270 （ - 0. 89）	- 0. 462 * （ - 1. 69）
Big4	0. 818 *** （8. 43）	1. 035 *** （6. 53）
Audit - type	- 0. 086 （ - 1. 35）	- 0. 072 （ - 1. 06）
_ cons	5. 898 *** （10. 59）	5. 960 *** （11. 83）
Industrydummy	Yes	Yes
Yeardummy	Yes	Yes
Areadummy	Yes	Yes
N	496	533
R^2	0. 561	0. 560
F	34. 335	30. 764

注：模型（1）、模型（2）所列被解释变量是 Audit - fee，其中，模型（1）是半径法匹配后的样本，模型（2）是核匹配后的样本；上述模型均控制行业、年度和地区虚拟变量。所有回归均采用调整后的稳健标准误来进行 t 检验，***、** 和 * 分别代表在 1%、5% 和 10% 水平上显著。

6.3.4.3　进一步控制潜在遗漏变量

为缓解遗漏变量导致的内生性问题，我们进一步控制了公司产权性质、大股东持股比例及地区市场化水平等因素。

公司产权性质（Soe）：注册会计师在评估审计风险时会考虑到企业的产权性质。朱红军和章立军（2003）认为，民营上市公司的审计费用明显高于国有产权的上市公司。原因可能是，国有产权的公司与非国有产权公司相比，更不愿意聘请高质量的注册会计师，故支付的审计费用更低（张奇峰等，2006）。郭梦岚和李明辉（2009）、梅波（2013）研究发现，政府给予国有企业的支持行为可以降低注册会计师的审计风险，并减少审计费用。但蔡吉甫（2007）及黄秋敏（2008）却发现，国有产权的上市公司审计费用更高，原因可能是会计师事务所对国有产权的公司进行审计时，其违规成本更高，因此需要花费更多的资源进行审计，以降低自身的审计风险，故可能收取更高的审计费用（李越冬等，2014）。结合第 4 章的影响因素检验结果，可见，产权性质对企业生态效率和审计费用都可能产生影响，需要进一步控制。

大股东持股比例（*Shrhfd5*）：现有文献基于公司治理视角开展的大股东持股对审计费用的研究，存在结论上的分歧。一方面，施莱费尔和维希尼（Shleifer & Vishny, 1997）认为，股权集中度高，大股东拥有企业的绝对权力，能够提高对管理层的监督，降低管理层的自利行为。大股东为了保护自身权益，有动机去监督和控制管理者的自利行为（Shleifer & Vishny, 1997；Friend & Lang, 1988）。这样一来，大股东会将审计过程视为一种有效的监督机制，愿意为此支付更高的审计费用。另一方面，法乔和朗（Faccio & Lang, 2002）研究发现，当股权集中度过高时，发生大股东侵占中小股东利益的可能性更大，大股东可能为了掩饰自身的侵占行为不被发现，选择限制审计程序的开展和审计范围的扩大，同时不愿意支付高额的审计费用，从而导致大股东持股比例与审计费用负相关。可见，大股东持股比例需要进一步控制，本章选择前五大股东持股比例的赫芬德尔指数作为衡量大股东持股比例的指标。

地区市场化水平（*Mindex*）：在国外审计费用的相关研究中，较少关注地域差异的问题，这主要是由于发达国家成熟的审计市场已经形成了以"四大"会计师事务所为主要审计主体的寡头垄断市场，在这种市场结构下，由于"四大"会计师事务所的高度行业垄断和信誉壁垒，不会造成明显的市场地域特征（吕兆德等，2007）。但在我国，由于各地区改革开放步伐不一致，导致中东部地区与西部地区的经济发展存在不平衡状况，从而使得我国审计市场也存在地域分割，不同地区审计市场的差异很大，且与审计收费存在相关性（刘斌等，2003；刘爱东和赵金玲，2010；曹国华等，2012）。上市公司的审计费用，可能受公司所在地市场化程度的不同而有所差异，即使对于同一会计师事务所，当客户类型相似时，也会因为客户其所处地区的不同而给予不同的议价政策。刘爱东和赵金玲（2010）发现，京津沪的审计收费平均高于其他地区；曹国华等（2012）发现，平均工资水平和消费水平越高的地区，上市公司的审计定价越高。可见，地域差异是需要进一步控制的因素。本章与前面一致，以樊纲等（2011）及其后续披露的中国各省市场化指数来评价地区市场化水平的差异，这里地区分类的依据是上市公司注册地所在的省份。

　　我们将上述潜在的遗漏变量引入模型（6.1）中并进行回归分析，结果如表6-8所示。从表6-8中可以看出，企业生态效率与审计费用仍然显著负相关，t 值是 -1.80，系数是 -0.364，仍支持假设6.1的推论。与主回归相比，显著水平有所下降，说明新引入的潜在遗漏变量的确起到了影响作用。控制变量与主回归控制变量结果基本一致，其中，新引入的市场化水平指数（*Mindex*）与审计费用在1%水平上显著正相关，与前人结论一致（刘爱东和赵金玲，2010；曹国华等，2012）。

表6-8　　　　　　　　进一步控制潜在遗漏变量

变量名称	(1)
EE	-0.364*
	(-1.80)
Size	1.482***
	(7.67)
Lev	-1.102
	(-1.31)

续表

变量名称	(1)
Roa	- 4. 560 ** (- 2. 21)
*Big*4	6. 268 *** (5. 75)
Audit - type	- 0. 295 (- 0. 92)
*Shrhfd*5	1. 936 (1. 20)
Soe	- 0. 197 (- 0. 99)
Mindex	0. 094 *** (3. 93)
_ cons	- 31. 423 *** (- 7. 73)
Yeardummy	Yes
N	1172
R^2	0. 549
F	20. 565

注：第（1）列所列的被解释变量 *Audit - fee*；该模型均控制年度虚拟变量。所有回归均采用调整后的稳健标准误来进行 t 检验，*** 、** 和 * 分别代表在 1%、5% 和 10% 水平上显著。

6. 3. 4. 4　固定效应检验

参考埃格和菲弗梅尔（Egger & Pfaffermayr，2003）对内生性问题的处理，我们利用面板数据的固定效应模型，固定了时间效应和个体效应并控制了相应的变量后，得到企业生态效率和审计费用的关系如表 6 - 9 的检验结果。可以观察到，企业的生态效率对审计费用依旧是显著负相关，系数是 - 0. 030，*t* 值是 - 2. 74，支持假设 6. 1 的推论。总体来说，固定效应检验结果说明假设 6. 1 结论未受到自选择问题的严重影响。

表 6 - 9　　　　　**固定效应模型检验**

变量名称	(1)
EE	- 0. 030 *** (- 2. 74)
Size	- 0. 065 *** (- 4. 17)

续表

变量名称	（1）
Lev	0.059
	（0.92）
Roa	− 0.000
	（− 0.00）
Big4	− 0.032
	（− 0.26）
Audit − type	0.043
	（1.40）
_cons	− 0.097**
	（− 2.06）
N	1172
R^2	− 0.450
F	7.689

注：第（1）列所列的被解释变量 Audit − fee；所有回归均采用调整后的稳健标准误来进行 t 检验，***、** 和 * 分别代表在 1%、5% 和 10% 水平上显著。

6.4　进一步研究

前面研究已经得出企业生态效率能够降低上市公司的审计费用的结论，并进行了内生性检验。进一步地，在上述研究的基础上，本章将深入探讨哪些因素可能会对企业生态效率与审计费用的相关性产生影响。首先，本书在现有文献基础上，考察可能会对企业生态效率与审计费用相关性产生影响的调节因素。审计费用是由审计产品成本、风险成本、事务所正常利润三部分构成。其中，审计产品成本是指执行必要审计程序与出具审计报告所需的费用，一般取决于业务复杂程度和公司特征，而风险成本主要是指诉讼损失与恢复名誉的潜在成本（伍利娜，2003）。不同类型的会计师所收取的审计费用会有所差异，注册会计师在考虑审计定价时通常会受到被审计企业产权性质的影响（王雄元等，2014；王兵和辛清泉，2010；田利辉和刘霞，2013）。同时，被审计单位特征和审计报告质量也是注册会计师进行审计定价时不能忽略的因素（郭梦岚和李明辉，2009；李越冬等，2014；程昔武等，2016；姚圣和周敏，2016）。此外，与发达国家成熟的审计市场相比，我国的审计市场地区分割依然存在，其审计收费差异明显（陈信元和夏立军，2006）。因此，这些因素均有可能对企业生态效率与审计费用的相关性起到调节作用。其次，与第5章相似，本书中企业生态效率的测度是建立在企业生态保护意识、生态效率管理过程、信息披露、合法性四个维度上的，这四个维度分别与审计费用有何相关性，在降低企业审计费用的过程中发挥着多大的作用，注册会计师更关注企业生态效率的哪个维度也需进一步探讨。基于此，本书拟从会计师事务所类型、审计报告意见类型、产权性质及地区市场化水平四个因素及企业生态效率不同维度入手，考察它们对生态效率与审计费用相关性有何影响作用。

6.4.1 会计师事务所的影响

会计师事务所应对审计风险通常具有主导权，除了加大审计投入与选择审计对象外，还可采取强制客户保持会计稳健性、发表非标意见、退出审计契约及提高审计费用等风险控制策略。在面对同样风险时，大会计师事务所可能执行更多审计程序并收取更高的审计费用（王雄元等，2014）。同时，会计师事务所的市场占有率越高，影响力越大，其议价能力越强，在与审计客户制定审计收费时更不会轻易降低收费，甚至要求更高的收费价格。随着市场占有率的增加，会计师事务所注册会计师专业能力的提升，其审计议价能力也会随之增强。弗朗西斯（Francis，1984）运用修正后的西穆尼克（Simunic，1980）的模型对澳大利亚审计市场进行研究，发现会计师事务所规模与审计费用显著正相关；古尔（Gul F. A. 1999）对中国香港审计市场进行研究，也发现了类似的结果。王兵和辛清泉（2010）发现，规模越小的事务所，其审计质量和审计收费越低。田利辉和刘霞（2013）研究发现，国际"四大"和国内"十大"会计师事务所能够收取更高的审计费用。王立彦等（2014）认为，审计定价是卖方市场，在议价的博弈过程中，卖方审计师比买方审计客户更有议价能力，而"四大"会计师事务所审计与审计费用具有一定的"黏性"。因此，我们认为，会计师事务所的不同可能会对企业生态效率与审计费用的相关性产生影响，且这种影响可能是当聘请的会计师事务所是国际"四大"会计师事务所时，会削弱企业生态效率与审计费用的相关关系。

为此，我们选取会计师事务所类型是否是国际"四大"会计师事务所作为调节变量，引入企业生态效率和会计师事务所类型的交互项（$EE*Big4$），并代入模型（6.1）中进行回归分析，结果如表6－10所示。可以观察到，企业生态效率与审计费用依然显著负相关，t 值是 －3.54，支持假设6.1的推论，同时交互项（$EE*Big4$）系数为正，且在5%水平上显著。这表明当审计事务所是"四大"会计师事务所时，削弱了企业生态效率与审计费用的负向关系，与前面我们的预测一致。事实上，"四大"会计师事务所更具有议价能力，一般不会轻易降低其审计收费标准。王兵等（2011）指出，我国上市公司的审计费用受到审计双方议价能力的影响，且审计客户的议价带来的折价效应仅在"非四大"会计师事务所审计时存在，在"四大"会计师事务所审计时不存在。换言之，在"四大"会计师事务所审计时，被审计企业的生态效率表现良好能够带来的审计费用降低的作用会削弱，而在非"四大"会计师事务所中，企业生态效率高更能够增加被审计企业的议价能力，从而带来审计费用的降低。

表 6 – 10 引入会计师事务所类型的交互项检验

变量名称	（1）
EE	-0.533^{***}
	(-3.54)
EE * Big4	3.103^{**}
	(2.02)
Big4	-2.257
	(-0.54)
Size	1.492^{***}
	(6.81)
Lev	-1.317
	(-1.56)
Roa	-3.326
	(-1.62)
_ cons	-30.267^{***}
	(-6.92)
Yeardummy	Yes
N	1172
R^2	0.546
F	26.077

注：第（1）列所列的被解释变量 $Audit-fee$；该模型均控制年度虚拟变量。所有回归均采用调整后的稳健标准误来进行 t 检验，***、**和*分别代表在 1%、5% 和 10% 水平上显著。

6.4.2 审计意见的影响

注册会计师出具审计意见，必须遵循相关准则，在完成审计工作后，对鉴证对象是否符合鉴证标准而发表的意见。现有的审计意见类型共有 5 种，分别是标准的无保留意见、带强调事项的无保留意见、保留意见、否定意见及无法发表意见。其中，"标准无保留意见"表明审计师认为被审计者编制的年报已经按照适用的会计准则的规定编制，并在所有重大方面公允反映了被审计者的财务状况、经营成果和现金流量，是最优的一种审计意见，也是上市公司最希望获得的审计意见类型。其他类型的审计意见如"带强调事项段的无保留意见"，表明被审计单位的年报符合会计准则要求并在所有重大方面公允反映了被审计者的财务状况、经营成果和现金流量，但存在需要说明的事项，如对持续经营能力产生重大疑虑及重大不确定事项等，均表明上市公司有不利的事项存在，需要引起利益相关者的注意。我们认为，公司上年度年报的审计意见类型的不同可能会对企业生态效率对审计费用的关系有影响。当上市公司上年度年报审计意见不利时，企业生态效率表现好带来的审计费用降低的作用更明显，当上市公司上年度年报审计意见较好时，企业生态效率能够带来的这种作用会被削弱。

为此，我们选取样本企业上年度年报审计意见类型作为调节变量，引入企业生态效率和审计意见类型交互项（$EE * audit - type$），代入模型（6.1）中并进行回归分析，结果如表 6 - 11 所示。从表 6 - 11 中可以观察到，企业生态效率与审计费用的负相关关系依然显著，t 值是 - 4.85，支持假设 6.1 的推论，同时交互项（$EE * audit - type$）系数为正，且在 1% 水平上显著。这表明上市公司上年度年报审计意见越好时，的确会削弱企业生态效率与审计费用的负向关系。正如我们预测，企业生态效率对审计费用的负相关作用在审计意见不利时更明显。

表 6 - 11　　　　　　　　引入审计意见的交互项检验

变量名称	（1）
EE	- 2.365 ***
	（ - 4.85）
$EE * audit - type$	2.084 ***
	（5.24）
$Audit - type$	- 5.483 ***
	（ - 4.96）
$Size$	2.321 ***
	（7.36）
Lev	- 3.939 ***
	（ - 3.58）
Roa	- 3.186
	（ - 1.21）
_ cons	- 42.213 ***
	（ - 7.59）

变量名称	（1）
Yeardummy	Yes
N	1172
R^2	0.422
F	19.426

注：第（1）列所列的被解释变量 $Audit - fee$；该模型均控制年度虚拟变量。所有回归均采用调整后的稳健标准误来进行 t 检验，$***$、$**$ 和 $*$ 分别代表在 1%、5% 和 10% 水平上显著。

6.4.3　产权性质的影响

在我国，上市公司的实际控制人不同，与监管机构的关系会存在差异，会对审计费用产生有一定的影响（郭梦岚和李明辉，2009）。最终控制人为政府的国有企业，由于具有较强的政治关系，它会利用其天然的政治优势从政府处获得更多的资源。如在国有企业中，由于政府的信誉担保，国有企业违规时，更容易被从轻处罚；当国有企业陷入财务困境时，由于政府担保的存在，使企业进入破产清算程序的可能性大大降低，并且国有企业更容易从政府获得财政补贴，度过财务困境。此外，国有企业不需要刻意为获得标准审计意见而进行审计意见购买，管理层也不会因为被出具非标准审计意见被解雇，因此，会计师事务所在考虑国有企业审计收费时会与非国有企业有所不同。同时，国有企业虽是一个企业组织，有着一般企业所具有的经济目标，但又不同于一般的非国有企业，它肩负更多的非经济目标，担负着更多的社会责任。正如第 3 章中的研究发现，国有企业的生态效率普遍高于非国企的生态效率，而这些均能降低注册会计师的审计风险。但对于非国有企业而言，由于缺乏政府的担保，一般自负盈亏，为了能在资本市场中长远发展，则会更多地依赖其他方式来吸引注册会计师的关注，如改善企业生态效率等。基于此，我们认为，产权性质可能会对企业生态效率与审计费用的相关关系产生影响，且这种影响在非国有企业中将更明显（程昔武等，2016；姚圣和周敏，2016）。

为此，我们选择样本企业的产权性质是否是国有企业这一调节变量，引入企业生态效率和产权性质的交互项（$EE * Soe$），代入模型（6.1）中并进行回归分析，结果如表 6 - 12 所示。我们观察到，企业生态效率与审计费用的负相关关系依然在 1% 的水平上显著，t 值是 - 5.11，支持假设 6.1 的推论，同时交互项（$EE * Soe$）系数为正，且在 1% 水平上显著。这表明当企业产权性质是国有企业时，的确会削弱企业生态效率与审计费用的负向关系，这与我们的预测一致。国有企业有着天然的保护屏障，一定程度上降低了注册会计师的审计风险，这削弱了注册会计师对企业生态效率信息的依赖程度。

表 6 - 12　　　　引入公司产权性质的交互项检验

变量名称	（1）
EE	- 0.868 ***
	（- 5.11）
$EE * Soe$	1.175 ***
	（3.85）
Soe	- 2.833 ***
	（- 3.63）
$Size$	2.239 ***
	（7.25）
Lev	- 3.283 ***
	（- 3.11）
Roa	- 2.377
	（- 0.91）
_ cons	- 44.893 ***
	（- 7.23）
$Yeardummy$	Yes
N	1172
R^2	0.426
F	19.601

注：第（1）列所列被解释变量（$Audit - fee$）；该模型均控制年度虚拟变量。所有回归均采用调整后的稳健标准误来进行 t 检验，＊＊＊、＊＊ 和 ＊ 分别代表在 1%、5% 和 10% 水平上显著。

6.4.4　地区市场化水平的影响

国外的审计市场从自由市场发展到弱管制乃至美国 SOX 法案下的强管制审计市场，其"四大"会计师事务所的垄断供给，呈现出审计定价的地区微差异（Luther R. et al., 1992）。我国审计市场的发展与地方政府和地区经济发展有着天然的联系，是经历了政府办所、脱钩改制、弱管制到目前较强管制的审计市场。陈信元和夏立军（2006）认为，目前我国的审计市场既借鉴了国际经验，又具有中国特色及地区分割，尤其体现在 2010 年财政部颁布的《会计师事务所收费办法》和各地区相应修订的差异化的审计收费标准上。不同地区间市场化发展水平不一致，造成了市场、中介组织发育程度及法律环境的明显差异。在市场化发展水平较高的地区，市场发育程度高，产品价格更多由市场决定，区域间贸易堡垒被打破，市场的竞争程度大大提升，信息资源共享更快捷，企业间为了吸引利益相关者，可能会披露更多的信息，降低信息不对称程度，以期获得更多的竞争优势，这可能会降低注册会计师对企业生态效率信息的依赖程度。同时，在市场化发展水平较高的地区，中介组织发育程度更高，法制环境更加完善，审计失败被发现的可能性越大，受惩罚力度也越大，从长远利益和个人声誉考虑，注册会计师会更加爱惜自己的"羽毛"，在审计过程中会加大审计投入，同时要求更高的风险溢价，这样一来，企业生态效率表现良好带来的议价能力则可能会被削弱。因此，我们认为，地区发展水平的差异可能会对企业生态效率与审计费用的相关性产生影响，即在地区市场化水平高的地区，企业生态效率与审计费用的负相关系可能会被削弱。

为此，我们选择样本企业注册地所在省份的市场化水平发展指数作为调节变量，引入企业生态效率和地区市场化水平的交互项（$EE * Mindex$），代入模型（6.1）中并进行回归分析，结果如表6－13所示。我们发现，企业生态效率对审计费用依然显著负相关，t 值是 -4.59，支持假设6.1的推论，同时交互项（$EE * Mindex$）系数为正，且在1%水平上显著，这表明正如我们预测，在市场化水平更高的地区，企业生态效率对审计费用的负相关作用的确会被削弱。即在市场化水平越高的地区，注册会计师获取信息资源的渠道更多，注册会计师对企业生态效率信息的依赖程度会降低，同时注册会计师面临的法律监管更严格，审计风险更大，这使得企业生态效率高能够为企业带来的议价能力会被削弱。

表6－13 引入地区市场化水平的交互项检验

变量名称	（1）
EE	-1.887^{***}
	（-4.59）
$EE * Mindex$	0.143^{***}
	（4.38）
$Mindex$	-0.197^{***}
	（-3.23）
$Size$	2.214^{***}
	（7.75）
Lev	-2.784^{***}
	（-2.64）
Roa	-4.442^{**}
	（-2.00）
_ cons	-43.492^{***}
	（-7.89）
Yeardummy	Yes
N	1172
R^2	0.460
F	23.832

注：第（1）列所列被解释变量 $Audit-fee$；该模型均控制年度虚拟变量。所有回归均采用调整后的稳健标准误来进行 t 检验，$***$、$**$ 和 $*$ 分别代表在1%、5%和10%水平上显著。

6.4.5　企业生态效率不同维度的影响

在进一步研究过程中，除了上述对企业生态效率与审计费用关系产生影响的因素外，本书在第 3 章中将企业生态效率分设了多个维度，这些不同维度会对审计费用产生何种影响呢？哪些维度的改善更能带来审计费用的降低呢？为此，本书将企业生态保护意识、生态效率管理过程、信息披露、合法性四个维度的测度值分别与企业债务成本进行回归，结果如表 6 – 14 所示。

表 6 – 14　　企业生态效率不同维度对审计费用的影响

变量名称	（1）	（2）	（3）	（4）
Awareness	-0.102 （-0.48）			
Process		-0.034 （-1.39）		
Form			-0.683^{**} （-2.01）	
Legality				0.026 （0.06）
Size	1.527^{***} （7.43）	1.498^{***} （7.02）	1.489^{***} （7.20）	1.423^{***} （5.09）
Lev	-1.594^{*} （-1.67）	-1.511^{*} （-1.83）	-1.767^{**} （-1.98）	-0.858 （-0.63）
Roa	-4.477 （-1.62）	-4.716^{**} （-2.25）	-4.902^{*} （-1.93）	-2.259 （-0.49）
Big4	6.742^{***} （5.86）	6.627^{***} （5.91）	6.842^{***} （5.89）	7.170^{***} （5.47）
Audit – type	-0.220 （-0.70）	-0.446 （-1.55）	-0.304 （-1.07）	0.431 （1.38）
_cons	-31.817^{***} （-7.42）	-30.810^{***} （-7.10）	-30.296^{***} （-7.38）	-31.143^{***} （-5.27）
Yeardummy	Yes	Yes	Yes	Yes
N	1077	1229	1172	526
R^2	0.538	0.524	0.530	0.509
F	22.569	25.062	23.910	10.616

注：第（1）～（4）列所列被解释变量 $Audit – fee$；该模型均控制年度虚拟变量。所有回归均采用调整后的稳健标准误来进行 t 检验，$***$、$**$ 和 $*$ 分别代表在 1%、5% 和 10% 水平上显著。

我们发现，企业的生态保护意识、生态效率管理过程及合法性三个维度与审计费用不具有显著的相关性，t 值分别是 -0.48、-1.39、0.06，而信息披露维度与审计费用在 5% 的水平上显著负相关。这表明，注册会计师在关注企业生态效率表现时，更多的是关注企业生态效率信息披露的载体，企业生态效率信息披露的载体越重要，越能增加注册会计师对企业生态效率信息的依赖程度，从而带来审计费用的降低。这一结果与第 5 章中债权人对企业生态效率信息的关注度不同。不同的利益相关者为了满足自身利益的需要，关注企业生态效率的维度各有侧重，因此本书认为，企业在改善自身生态效率表现中，不能避重就轻，而全面用力，这样才能最大程度地满足不同利益相关者的需要。

6.5　稳健性检验

为了保证结果的可靠性，避免变量选择带来的偏差，本章进行了相关的稳健性检验。由于企业生态效率的测度是基于"内容分析法"进行手工整理得出的，因此，为了检验上述结果的稳健性，本章将生态效率（EE）的测度值采用不同的方法进行测算。

表 6–15 第（1）列中改变了解释变量企业生态效率的计算方法，企业生态效率是对所得的生态效率测度总分值进行标准化处理，即将样本公司的生态效率所得的总分除以最大可能得分，并经过百分制处理（武恒光和王守海，2016），最终的得分作为表 6–15 中第（1）列的解释变量企业生态效率（EE）的测度值。我们观察到，进行标准化处理后生态效率测度值，这种情况下企业生态效率对审计费用在 1% 水平上仍然显著负相关，t 值是 -1.84。表 6–15 第（2）列是解释变量和被解释变量均未正交化处理，直接进行回归后的结果，我们观察到假设 6.1 的结论依

旧成立。可见，在对生态效率采用不同方法度量后，实证结果与主回归结果一致，本书假设 6.1 的推论依然成立。因此，我们通过采用不同方式进行稳健性检验后，发现假设 6.1 推论依然存在，可在一定程度上说明本章的结论具有稳健性。

表 6 – 15　　　　　　　　　　稳健性检验

变量名称	（1）	（2）
EE	– 0. 352 * （ – 1. 84）	– 0. 346 * （ – 1. 95）
Size	1. 564 *** （7. 18）	1. 526 *** （7. 13）
Lev	– 1. 838 ** （ – 2. 04）	– 1. 758 ** （ – 2. 00）
Roa	– 4. 192 * （ – 1. 94）	– 4. 711 * （ – 1. 95）
Big4	6. 541 *** （5. 75）	6. 806 *** （5. 89）
Audit – type	– 0. 386 （ – 1. 26）	– 0. 319 （ – 1. 15）
_ cons	– 31. 643 *** （ – 7. 49）	– 30. 900 *** （ – 7. 33）
Yeardummy	Yes	Yes
N	1172	1172
R^2	0. 534	0. 531
F	24. 683	24. 863

注：第（1）列所列的被解释变量 Audit – fee；该模型均控制年度虚拟变量。所有回归均采用调整后的稳健标准误来进行 t 检验，***、** 和 * 分别代表在 1%、5% 和 10% 水平上显著。

6.6　本 章 小 结

本章的研究立足于企业与中介机构关系的视角，探讨改善企业生态效率可能带来的经济后果：即企业生态效率的表现，能否影响到会计师事务所对审计收费的定价。基于 2013 ~ 2015 年重污染行业上市公司的样本，对企业生态效率和审计费用进行实证分析后发现，企业生态效率与审计费用具有负相关关系。

具体来说，在重污染行业的上市公司中，企业生态效率高的公司，其审计费用显著更低，并在进行 Heckman 两阶段处理效应模型、倾向得分匹配、进一步控制潜在遗漏变量及固定效应检验后，发现上述结果依然成立。进一步，本章加入交互项检验，发现会计师事务所特征、上市公司上年的审计报告类型、上市公司产权性质、所处地区的市场化水平均对企业生态效率与审计费用的负相关关系起到调节作用。当会计师事务所是国际"四大"会计师事务所、上市公司上年年报的审计意见是"标准无保留意见"、上市公司产权是国有产权以及上市公司所处发地区是市场化水平较高的地区时，其企业生态效率高能够带来审计费用降低的关系将被削弱。同时，企业生态效率的四个维度仅生态效率信息披露载体这一维度与审计费用具有显著相关性。最后，本章通过改变解释变量不同的度量方法进行了稳健性测试，我们发现结果依然成立。故此，本章得出如下结论：企业生态效率与企业的审计费用呈显著负相关关系。

第7章

企业生态效率与所得税税负

　　本章主要研究重污染行业中企业生态效率与企业所得税税负之间的关系，即讨论企业生态效率的高低能否影响到企业所得税实际税负，哪些因素可能对这种关系有影响作用。具体内容安排如下：7.1节分析企业生态效率与所得税税负相关关系的理论基础并提出相应的假设；7.2节对研究样本、相关变量和实证模型等进行说明；7.3节详细探讨本章的实证结果；7.4节开展进一步研究；7.5节进行稳健性检验；7.6节为本章小结。

7.1　理论分析与研究假设

　　税收作为国家治理的重要工具，是促进现代市场体系建设、合理分配社会资源和构建社会公平正义的重要手段。在我国生态文明建设的宏观背景下，国家和地方政府都越来越重视生态保护问题。国家发改委、环保部和国家统计局联合下发通知，将能耗和环境保护纳入政府官员政绩考核体系中。对于重要资源消耗者和污染制造者的企业来说，国家大力鼓励其承担环境保护的责任，并通过给予一定的税收优惠政策和补贴作为奖励生态保护做得好的企业，以弥补企业在环境成本上的耗费。现有的与环境相关的企业所得税税收方面的优惠政策主要有如下几类：环保设备方面。国家鼓励企业购买环境保护、节能节水和安全生产专用设备，对于符合税收减免规定的专用设备，可以按专用设备投资额的10%抵免当年企业所得税应纳税额（参见《中华人民共和国企业所得税法》《关于执行环境保护专用设备目录》）。环保项目方面。国家鼓励企业开展环保节能节水项目，并对通过符合税收减免规定的环保项目所取得的收入，自获得第一笔收入所在的纳税年度开始，给予前三年免征所得税，第四年至第六年减半征收（参见《中华人民共和国企业所得税法》第二十七条）。环保服务方面。国家鼓励提供环保服务的企业开展节能环保服务，并对通过符合税收减免规定的环保服务所取得的收入，自获得第一笔收入所在的纳税年度开始，给予前三年免征所得税，第四年至第六年减半征收（见财政部、国家税务总局颁布的《关于促进节能服务产业发展增值税、营业税和企业所得税政策问题的通知》）。资源循环利用方面。国家鼓励企业开展废物的循环再利用，并对通过符合税收减免规定的资源循环利用所得收入，减按90%计入企业当年收入总额（参见《资源综合利用企业所得税优惠目录》等）。当企业为了提高其生态效率，购买符合上述规定的环保节能设备或研发环保技术时，会享受相应的减税政策，从而降低公司所得税税负。

同时，黎文靖和路晓燕（2015）发现，环境绩效较好的企业，银行贷款更多、融资成本更低、所得税税负更轻，并进一步研究发现，环境绩效好的企业之所以能获得这样的利好，可能缘于政府为激励企业改善环境效率，给予了企业在银行贷款和所得税等方面的优惠政策，政府的支持可能带来企业长期价值的提升。邹萍（2018）基于中国沪深A股上市公司的研究发现，企业社会责任信息披露及披露质量与企业实际税负均呈负相关关系，并利用寻租理论进行解释，认为企业通过披露社会责任信息向地方政府寻租，地方政府则"投桃报李"地对企业在税收执法上给予放松，从而帮助企业降低实际税负。利益相关者理论认为，组织的存续需要利益相关者的支持，因而组织需要调整自身行为来迎合利益相关者的需求（Hannan M. T. & Freeman J.，1984），尤其当利益相关者是监管者政府的时候。随着生态文明建设的发展，政府越来越看重企业的可持续发展，辖区内企业的环境状况成为地方官员晋升的政绩指标之一。因此，对于企业而言，注重提高企业生态效率，不仅能够满足合法性的要求，而且更能满足政府的发展导向，进而能获得更多的政府补助和优惠政策，建立起和谐的政企关系。

此外，当前的政府监管力度较大，企业迫于压力、维持公司声誉和获得社会信任的需要，会积极加大对生态效率改善的投入，但这也增加了公司的经营成本，减少了应纳税所得额。基于此，本章提出假设7.1。

假设7.1：企业生态效率与所得税实际税负负相关，即企业生态效率越高的企业，其所得税实际税负越低。

7.2 研 究 设 计

7.2.1 样本选择和数据来源

本章选取2013～2015年中国证券市场重污染行业的A股上市公司作为初始研究样本，样本的具体选择过程和数据来源与第4章样本选择过程和数据来源一致，在此不再赘述。为了保证研究结论的可靠性和准确性，本章研究中剔除了ST公司和所选变量存在缺失值的样本。为了降低极端值对回归结果的干扰，本章对所有连续变量在1%和99%分位上进行了缩尾处理。同时，考虑到当期企业生态效率只会影响到下期的所得税，故本章对所得税的数据取2014～2016年数据进行回归分析。

7.2.2　研究变量

7.2.2.1　被解释变量

本章的被解释变量是企业的实际所得税税负（Tax）。参照阿迪卡里等（Adhikari et al.，2006）、黎文靖和路晓燕（2015）对所得税的处理方法，首先计算出公司的实际所得税税率，即公司实际的所得税税率＝企业支付的所得税费用/利润总额，并进行标准化处理。当公司获得税收返还（分子为负）时，将 Tax 取值为 0，当公司亏损（分母为负）时，将 Tax 取值为 1，同时把大于 1 的实际所得税税率均取值为 1。这样一来，本章的被解释变量是一组范围在 0～1 区间的连续变量。

7.2.2.2　解释变量

本章涉及的主要解释变量是企业生态效率（EE）。参照第 3 章中构建的企业生态效率测度体系，同时考虑到前文评价体系中包含有税收优惠、政府补助及环保贷款等项目，为了降低自相关问题，本章企业生态效率测度值是前面企业生态效率测度值减去了税收优惠、政府补助及环保贷款等项目的测度值后的净值。

7.2.2.3　控制变量

综合前人的研究（黎文靖和路晓燕，2015；吴联生，2009；卢洪友等，2017），本章主要控制了以下变量。

公司规模（$Size$）：即公司年末总资产的自然对数值。古普塔和纽伯里（Gupta & Newberry，1997）及克恩和莫里斯（Kern & Morris，1992）认为，大公司受到公众更广泛的关注，政治成本较高，使其实际税率会更高，即公司规模与实际税率显著正相关。但基姆和林帕法尤姆 Kim & Limpaphayom，1998）却发现，公司规模与实际税率显著负相关，而谢夫林和波特（Shevlin & Porter，1992）则认为它们间没有显著关系。

杠杆率（*Lev*）：杠杆率采用资产负债率来衡量，即负债总额/资产总额。由于利息可以抵税，因此杠杆率高的公司，其实际税率偏低（Stickney & Mogee，1982）。与此同时，实际税率高的企业，也可能看中利息的抵税功能，选择大量举债，因此实际税率也可能与杠杆率正相关。而古普塔和纽伯里（Gupta & Newberry，1997）、基姆和林帕法尤姆（Kim & Limpaphayom，1998）及德拉希德和张（Derashid & Zhang，2003）却发现，杠杆率与实际税率间可能不存在显著关系。

盈利能力（*Roa*）：本章采用资产收益率指标作为衡量公司盈利能力的变量。资产收益率是用来衡量每单位资产创造多少净利润，是公司的净利润与总资产的比率。古普塔和纽伯里（1997）、基姆和林帕法尤姆（1998）及德拉希德和张（2003）通过分析不同国家不同时间段的投资计划和盈利能力，发现其与实际税率之间可能存在负相关关系，也可能不存在显著相关性。

公司产权性质（*Soe*）：即企业的产权所属是否归属于中央或地方政府，"是"取值为 1，"否"则为 0。

行业特征（*Industrydummy*）：本章对属于重污染的制造业按照二级细分门类引入虚拟变量控制，其余行业按照一级大类引入虚拟变量进行控制（Gong X.，2017）。

年度特征（*Yeardummy*）：全球经济环境的不确定性大，国内外宏观经济形势复杂多变。为此，本章引入一系列年度虚拟变量控制样本公司的年份，降低不同年度宏观因素对研究结果的影响。

地区特征（*Areadummy*）：不同地区由于自身所处的自然生态区域环境不同，面临的环境责任也有所差异，国家和地方政府给予的税收优惠政策和政府补助也具有一定的倾斜性，因此本章研究中将地区特征作为控制变量加以控制。与前面类似，这里的地区以样本企业注册地所在的省份为分类依据。

综上所述，本章的被解释变量、解释变量和控制变量的定义，如表 7 - 1 所示。

表 7 - 1　　　　　　　　　　　变量定义

变量名称	变量符号	变量描述
所得税税负	Tax	公司所得税实际税率，即公司所得税费用/利润总额。在此基础上进行标准化，当公司获得税收返还（分子为负）时取值为 0，当公司亏损（分母为负）时取值为 1，同时把所得税税率大于 1 的值均取值为 1
企业生态效率	EE	企业生态效率的自然对数
公司规模	$Size$	年末总资产的自然对数
资产负债率	Lev	负债总额/资产总额
总资产收益率	Roa	净利润/总资产
公司产权性质	Soe	虚拟变量，若公司产权归属于中央或地方政府，则为 1，否则为 0
行业特征	$Industry dummy$	行业虚拟变量
年度特征	$Year dummy$	年度虚拟变量
地区特征	$Area dummy$	地区虚拟变量

7.2.3　检验模型

本章以企业的所得税实际税率作为被解释变量，企业生态效率作为解释变量，同时控制公司规模、杠杆率、盈利能力、产权性质、年度特征、行业特征、地区特征等因素，构建多元回归模型如公式（7.1）所示。为确保检验结果的稳健，本章回归均采用调整后的稳健标准误来进行 t 检验，同时通过聚类分析（cluster analysis）来降低异方差的影响。若 EE 的回归系数 β_1 显著小于 0，则说明生态效率高的企业，其所得税实际税负较低。

$$Tax_{i,t} = \beta_0 + \beta_1 EE_{i,t-1} + \beta_2 Size_{i,t-1} + \beta_3 Lev_{i,t-1} + \beta_4 Roa_{i,t-1}$$
$$+ \beta_5 Soe_{i,t-1} + \beta_6 Year dummy + \beta_7 Industry dummy$$
$$+ \beta_8 Area dummy + \varepsilon_{i,t} \qquad (7.1)$$

7.3 实 证 结 果

7.3.1 描述性统计分析

表 7 – 2 是主要变量的描述性统计结果，其中被解释变量所得税实际税率（Tax）均值是 0.467，中位数是 0.326，标准差是 0.381，是一组范围在 0 ~ 1 区间内的连续变量。解释变量企业生态效率（EE）均值是 2.171，中位数是 2.197，标准差是 0.760，样本分布均匀。公司规模、杠杆率和盈利能力样本分布与前面一致。公司产权性质，均值是 0.5，中位数是 1，标准差是 0.500，表明样本企业中国企和非国企各占一半左右。

表 7 – 2   主要变量的描述性统计

变量名称	均值	中位数	标准差	最小值	最大值	N
Tax	0.467	0.326	0.381	0	1	1257
EE	2.171	2.197	0.760	0.693	3.726	1200
Size	22.68	22.41	1.532	19.98	27.32	1254
Roa	0.0235	0.0202	0.0537	– 0.187	0.184	1253
Lev	0.480	0.477	0.215	0.0592	0.928	1254
Soe	0.500	1	0.500	0	1	1257

注：各变量定义见表 7 – 1。

7.3.2 相关性分析

表 7 – 3 是各变量的 Pearson 相关系数表，我们发现，企业生态效率（EE）与所得税实际税率（Tax）系数为负，但不具有显著性，这与假设 7.1 不一致。而公司规模（Size）、盈利情况（Roa）、杠杆率（Lev）及产权性质（Soe）均与所得税实际税率有显著相关性，这与现有文献（黎文靖和路晓燕，2015；吴联生，2009）结果一致。进一步地，本章计算了各变量的膨胀因子

VIF 值，VIF 均值是 1. 54，所有变量的 VIF 值均在 10 以内，说明本章实证模型中并不存在严重的多重共线性问题。可见，相关性分析并不完全支持假设 7. 1，仍需控制其他因素，以期得到更稳健的结论。

表 7 - 3　　　　　　　　主要变量的 Pearson 相关系数表

变量名称	VIF	(1)	(2)	(3)	(4)	(5)	(6)
Tax	1. 54	1					
EE	1. 33	- 0. 0470	1				
Size	1. 97	0. 146 ***	0. 487 ***	1			
Roa	1. 26	- 0. 108 ***	- 0. 0150	- 0. 082 ***	1		
Lev	1. 82	0. 174 ***	0. 215 ***	0. 530 ***	- 0. 416 ***	1	
Soe	1. 30	0. 090 ***	0. 298 ***	0. 453 ***	- 0. 128 ***	0. 364 ***	1

注：＊＊＊、＊＊和＊分别代表在 1%、5% 和 10% 水平上显著，VIF（Variance inflation factors）为方差膨胀因子。

7.3.3　回归分析

表 7 - 4 报告了在控制了相关公司层面、年度、行业和地区变量后，企业生态效率与所得税实际税率的基本回归结果。可以观察到，在控制了一系列相关变量后，被解释变量 Tax 与解释变量 EE 在 1% 的水平上存在显著负相关关系，t 值为 - 3. 73，显著水平与 Pearson 相关性检验不同，多元回归的分析结果支持假设7. 1 的结论。从而说明，企业生态效率表现好，降低了企业实际的所得税税率，作为上市公司利益相关者的政府，乐意对生态效率高的企业给予税收政策的倾斜，以鼓励企业承担更多的社会责任，促进社会的和谐发展。如前文理论分析所述，随着生态文明建设的发展，政府越来越看重企业的可持续发展，辖区内企业的环境状况成为地方官员晋升的政绩指标之一。因此，对于企业而言，提高企业生态效率，既能够满足合法性的要求，又能满足政府的发展导向，进而能获得更多的政府补助和优惠政策，建立起

和谐的政企关系。同时，企业积极改善生态效率，前期需要大量的资金投入，加大研发技术创新和购买清洁设备等，这增加了公司的成本，一定程度上也减少了应纳税所得额。这一发现，说明了企业生态效率的提高为企业带来了减税的益处。当然，这一结论仍需进一步检验以加强其稳健性。

表7-4　　企业生态效率与所得税税负相关性的基本回归

变量名称	（1）
EE	- 0.074 ***
	（- 3.73）
Size	0.033 **
	（2.28）
Roa	0.171 *
	（1.94）
Lev	- 0.401
	（- 1.59）
Soe	0.014
	（0.48）
_ *cons*	- 0.237
	（- 0.96）
Industrydummy	Yes
Yeardummy	Yes
Areadummy	Yes
N	1196
R^2	0.091
F	5.074

注：第（1）列所列的被解释变量为实际所得税率 *Tax*；该模型均控制了年度虚拟变量、行业虚拟变量、地区虚拟变量。所有回归均采用调整后的稳健标准误来进行 t 检验，***、**和*分别代表在1%、5%和10%水平上显著。

7.3.4　处理内生性

上述的研究结果无法完全排除内生性问题的影响。因此，我们采用 Heckman 两阶段方法、倾向得分匹配法、进一步控制潜在遗漏变量及固定效应检验四种方法来处理内生性，以求降低内生性问题对本章结论的干扰。

7.3.4.1 Heckman 两阶段处理效应检验

与第 5 ~ 6 章相似，我们同样借鉴龚等（Gong et al. 2017）、史黛纳等（Stellner C. et al.，2015）的做法，采用 Heckman 两阶段处理效应检验，来控制潜在的自选择问题对实证结果的影响。我们依旧按照企业生态效率测度值 EE 是否等于零，将样本分两组。处理效应模型第一阶段是 Logit 回归，因变量是企业生态效率的虚拟变量，并且在回归模型中加入公司规模（Size）、资产负债率（Lev）、盈利能力（Roa）、公司产权性质（Soe），同时控制了年度、行业和地区虚拟变量，具体的变量定义见表 7 - 1 变量定义表。第一阶段的回归模型为：

$$EE_{i,t} = \beta_0 + \beta_1 Size_{i,t} + \beta_2 Lev_{i,t} + \beta_3 Roa_{i,t} + \beta_4 Soe_{i,t} + \beta_5 Yeardummy$$
$$+ \beta_6 Industrydummy + \beta_7 Areadummy + \varepsilon_{i,t} \tag{7.2}$$

而处理效应模型的第二阶段是在本章主回归的基础上，进一步控制了逆米尔斯比率（IMR）。第二阶段回归模型为：

$$Tax_{i,t} = \beta_0 + \beta_1 EE_{i,t-1} + \beta_2 IMR + \beta_3 Size_{i,t-1} + \beta_4 Lev_{i,t-1} + \beta_5 Roa_{i,t-1}$$
$$+ \beta_6 Soe_{i,t-1} + \beta_7 Yeardummy + \beta_8 Industrydummy$$
$$+ \beta_9 Areadummy + \varepsilon_{i,t} \tag{7.3}$$

表 7 - 5 是处理效应模型第二阶段的回归结果。结果显示，在处理效应模型控制了选择性偏差带来的影响后，企业生态效率仍然在 1% 的水平上显著影响企业的所得税实际税负，t 值是 −2.76，说明选择性偏差对本章的主要结论影响有限。同时，逆米尔斯比（IMR）的系数在统计意义上并不显著，说明样本选择性偏差问题在本章研究中并不严重。

7.3.4.2 倾向得分匹配方法

进一步地，与第 5 ~ 6 章相似，本章仍采用倾向得分匹配模型（propensity score matching，PSM）来控制潜在的自选择问题和遗漏变量问题对实证结果的影响。参照第 5 ~ 6 章中对自变量企业生态效率的处理，并借鉴达利瓦尔等（Dhaliwal et al.，2016）及王雄元和高开娟（2017）的做法进行倾向得分匹配，以控制企业生态效率与所得税实际税负相关性回归中的选择性偏差和遗漏变量问题。具体过程如下：与前面倾向得分匹配过程保持一致，本章同样选定企业规模（Size）、产权性质（Soe）、成长性（Growth）、董事会规模（Boardsize）、企业价值（Value）和政府监督（Gov）作为协变量，采用半径匹配法和核匹配法，并按照年度、行业和地区进行匹配运算，结果如表7-6所示。

表7-5　　　　　　　　Heckman 两阶段处理效应检验

变量名称	模型（1）
EE	−0.011*** （−2.76）
IMR	−0.024 （−0.83）
Size	1.178*** （25.69）
Lev	−1.384*** （−3.60）
Roa	12.077*** （5.30）
_cons	−8.800*** （−9.56）
Industrydummy	Yes
Yeardummy	Yes
Areadummy	Yes
N	1095
R^2	0.727
F	117.508

注：第二阶段所列的被解释变量为实际所得税率 Tax；该模型均控制了年度虚拟变量、行业虚拟变量、地区虚拟变量。所有回归均采用调整后的稳健标准误来进行 t 检验，***、**和*分别代表在1%、5%和10%水平上显著。

表7－6　　　　　　　　　PSM 平衡面板检验

A 组：控制变量差异变化

变量名称	配对前后	半径匹配				核匹配			
		处理组	控制组	S/B（%）	T 值	处理组	控制组	S/B（%）	T 值
Size	U	21.443	22.376	－88.4	－5.30	21.443	22.376	－88.4	－5.30
	M	21.671	21.666	0.4	0.02	21.563	21.584	－2.0	－0.11
Soe	U	0.173	0.387	－48.9	－3.09	0.173	0.387	－48.9	－3.09
	M	0.154	0.152	0.5	0.03	0.159	0.181	－5.1	－0.28
Growth	U	0.319	0.148	21.3	2.00	0.319	0.148	21.3	2.00
	M	0.194	0.441	－30.6	－1.01	0.206	0.219	－1.7	－0.08
Boardsize	U	2.067	2.126	－30.1	－2.06	2.067	2.126	－30.1	－2.06
	M	2.061	2.098	－18.8	－0.82	2.063	2.094	－16.0	－0.75
Value	U	563.64	12.192	22.7	4.04	563.64	12.192	22.7	4.04
	M	29.445	39.57	－0.4	－0.72	29.794	46.573	－0.7	－1.21
Gov	U	44.291	46.827	－18.9	－1.31	44.291	46.827	－18.9	－1.31
	M	44.489	45.159	－5.0	－0.21	44.26	44.08	1.3	0.06

B 组：总体差异变化

配对前后	半径匹配				核匹配			
	LR chi2	p > chi2	MeanBias	MedBias	LR chi2	p > chi2	MeanBias	MedBias
U	55.24	0.000	38.4	26.4	55.24	0.000	38.4	26.4
M	2.79	0.835	9.3	2.8	2.82	0.831	4.5	1.8

注：处理组指企业没有披露任何生态效率，即企业生态效率为0，控制组指企业披露生态效率信息，即企业生态效率不为0；U 和 M 分别为匹配前和匹配后。

从表7－6中的 A 组我们发现，在半径匹配法和核匹配法下，匹配前处理组和控制组中的变量存在很大差异，匹配后大多数变量的组间差异显著降低，且 T 值均不显著。如公司规模变量，在半径匹配法下，组间差距由匹配前的－88.4.0%下降到匹配后的0.4%，而在核匹配法下，组间差距由匹配前的－88.4%下降到匹配后的－2.0%；公司产权性质变量，在半径匹配法下，组间差距由匹配前的－48.9%下降到匹配后的0.5%，而在核匹配法下，组间差距由匹配前的－48.9%下降到匹配后的－5.1%；政府监督变量，在半径匹配法下，组间差距由匹配前的

－18.9%下降到匹配后的－5.0%，而在核匹配法下，组间差距由匹配前的－18.9%下降到匹配后的1.3%。进一步的，表7－6中的 B 组报告了匹配前后上述变量的整体组间差异。可以看到，匹配后的组间差异（MeanBias & MedBias）均小于10，且匹配后的 P 值不显著，这说明通过倾向得分匹配后，两组样本得到了很好的平衡。

接下来，基于匹配好的样本，依据模型（7.1）再次进行回归，回归结果如表7－7所示。我们观察到，在应用 PSM 方法进行样本匹配后，回归所使用的样本数量降低，仅有500个样本左右，但企业生态效率与所得税实际税负相关性的回归系数仍然显著为负，均在1%水平上显著负，t 值分别是－5.89、－4.85，均支持假设7.1的推论，且相比于表7－4企业生态效率与所得税税负的基本回归结果 t 值－3.73，PSM 方法匹配后回归系数的显著性水平甚至有一定程度的提高，这均表明在使用 PSM 方法后前面得到的结论依然稳健。

表7－7　PSM 匹配后检验企业生态效率与所得税税负相关性的回归

变量名称	模型（1）	模型（2）
EE	－0.073 ***	－0.067 ***
	（－5.89）	（－4.85）
Size	0.052 **	0.049 ***
	（4.86）	（2.89）
Roa	0.102	0.104
	（1.08）	（0.98）
Lev	－0.660	－0.572
	（－1.61）	（－1.36）
Soe	0.034	0.040
	（0.84）	（1.05）
_ cons	－0.591 ***	－0.540
	（－3.07）	（－1.39）
Industrydummy	Yes	Yes
Yeardummy	Yes	Yes

续表

变量名称	模型（1）	模型（2）
Areadummy	Yes	Yes
N	500	535
R^2	0.066	0.056
F	2.801	2.725

注：模型（1）、模型（2）所列的被解释变量是实际所得税率 *Tax*，其中，模型（1）是半径法匹配后的样本，模型（2）是核匹配后的样本；上述模型均控制行业虚拟变量、年度虚拟变量和地区虚拟变量。所有回归均采用调整后的稳健标准误来进行 t 检验，＊＊＊、＊＊和＊分别代表在1%、5%和10%水平上显著。

7.3.4.3 进一步控制潜在遗漏变量

为缓解遗漏变量导致的内生性问题，我们进一步控制公司治理和地区市场化水平等因素。

公司治理（*Dual*、*Boardsize*、*Shrhfd*5）：委托代理理论认为，委托人需要设计补偿机制来激励代理人为他的利益活动，公司治理恰是这种机制作用的反映。公司治理效率的高低，对内关系着企业生态责任的承担，对外影响着企业可能获得的税收优惠和补贴。因此，本书认为，在检验生态效率与所得税的关系中，需要进一步控制公司治理相关的潜在变量。

地区市场化水平（*Mindex*）：在改革开放进程中，不同地区间的发展步伐并不一致，造成了不同地区的制度环境也存在一定的差异。大量的研究表明，税收竞争广泛地存在于国家或地区之间（Ruding O.，1992；Chennells & Griffith，1997；Deverux et al.，2002）。罗克（Rork，2003）和埃格等（Egger et al.，2005）发现，美国各州在商品税征收问题上存在激烈的税收竞争。拉古尔等（Laguir I. et al.，2015）指出，在我国地区间税收的竞争中，所得税和增值税是最主要的税种。刘慧龙和吴联生（2014）研究发现，地区市场化水平、政府治理水平和法治化水平越高，非国有控股公司的实际税率也越高。因此，本章进一步控制地区市场化水平变量来处理内生性问题。

　　我们将上述潜在的遗漏变量引入模型（7.1）中并进行回归分析，结果如表7-8所示。我们发现，企业生态效率与所得税实际税率仍然在1%水平上显著，且系数为负，t值是-3.96，系数是-0.075，支持假设7.1的推论。

表7-8　　　　　　　　　　进一步控制潜在遗漏变量表

变量名称	（1）
EE	-0.075***
	（-3.96）
Size	0.043***
	（2.93）
Roa	0.166*
	（1.84）
Lev	-0.377
	（-1.26）
Soe	0.031
	（1.14）
Mindex	-0.033
	（-0.73）
Dual	-0.018
	（-0.63）
Boardsize	-0.127**
	（-2.46）
Shrhfd5	-0.118
	（-1.21）
_cons	0.049
	（0.23）
Industrydummy	Yes
Yeardummy	Yes
Areadummy	Yes
N	1178
R^2	0.091
F	4.755

　　注：第（1）列所列的被解释变量为实际所得税率Tax；该模型均控制了年度虚拟变量、行业虚拟变量和地区虚拟变量。所有回归均采用调整后的稳健标准误来进行t检验，***、**和*分别代表在1%、5%和10%水平上显著。

7.3.4.4　固定效应检验

　　参考埃格和菲弗梅尔（Egger & Pfaffermayr，2003）对内生性问题的处理，我们利用面板数据的固定效应模型，固定了时间效应和个体效应并控制了相应的变量后得到企业生态效率和所得税固定效应检验结果如表 7 - 9。我们发现，企业的生态效率与所得税实际税负在 10% 的水平上显著负相关，t 值是 - 1.90，依旧支持假设 7.1 的结论。固定效应检验结果说明假设 7.1 结论未受到自选择问题的严重影响。

表 7 - 9　　　　　　　　　固定效应模型检验

变量名称	（1）
EE	- 0.074 *
	（- 1.90）
Size	0.176 ***
	（4.02）
Roa	- 0.058
	（- 0.38）
Lev	- 0.331
	（- 1.13）
_ cons	- 3.315 ***
	（- 3.40）
Industrydummy	Yes
Yeardummy	Yes
Areadummy	Yes
N	1196
R^2	- 0.518
F	3.570

注：第（1）列所列的被解释变量为实际所得税率 Tax；该模型均控制了年度虚拟变量、行业虚拟变量和地区虚拟变量。所有回归均采用调整后的稳健标准误来进行 t 检验，*** 、** 和 * 分别代表在 1% 、5% 和 10% 水平上显著。

7.4　进一步研究

上面的实证结果显示，企业生态效率能够降低企业所得税实际税负。接下来，本章进一步探讨哪些因素可能会对企业生态效率与所得税实际税率的相关性起到影响作用。首先，第 4 章中已经深入讨论了企业生态效率的影响因素，在此基础上，本书梳理了企业税负影响因素研究的相关文献。我们注意到，现有文献主要从公司特征和制度环境两方面展开，钱（Qian C.，1998）、兰尼斯等（Lanis R. et al，2015）、田利辉和张伟（2013）及吉姆和张（Kim & Zhang，2016）等学者认为，产权性质的不同会影响公司税负；而鲁丁（Ruding O.，2002）、蒙戈等（Munongo S. et al.，2017）和德弗卢等（Deverux et al.，2002）则认为，地区之间存在着税收竞争，税收优惠成为各地区招商引资的重要手段，在我国市场化进程不同的地区，企业面临的实际税负存在差异（Muller A. & Kolk A.，2015）。因此，本书将区分不同产权性质和不同地区的上市公司，考察企业生态效率对所得税税负的负相关关系有何差异，以期发现我国税收优惠和补贴政策的特点。其次，与第 5 ~ 6 章类似，本书将从企业生态效率测度的四个维度入手，进一步探讨企业生态保护意识、生态效率管理过程、信息披露、合法性这四个维度与所得税实际税负有何相关性，各自在降低企业所得税税负中发挥着多大的作用。

7.4.1 产权性质的影响

所有权性质是公司"软实力"，不同产权性质的企业受到的政府干预和政府攫取会有所差别（Qian C.，1998），这会造成税负上的差异。一部分学者认为，相对于国有企业而言，非国有企业受到的政府干预较少，更易选择激进的避税行为，其税负会相对更低（吕伟，2010）。国有控股上市公司所得税实际税负高于非国有控股上市公司，这种税负上的差异多是由于避税行为造成的。对于国有企业而言，政府既是其产权的所有者，又是其税收的受益者，因为利润的最终受益者都是国家，从本质上说，利润与税收对政府没有区别，都是国家财富的增加，因此国有企业避税动机不足（王跃堂等，2010）。但另一部分学者却认为，拥有政治关联不仅有助于企业获取产权保护，更有助于企业从地方政府手中获得更多的关注和稀缺资源（Watson L.，2015；田利辉和张伟，2013），有政治关联的企业普遍地避税程度更高（李维安和徐业坤，2013；Kim & Zhang，2016）。国有企业由于其天然的政治关系，更易获得政府的税收优惠政策和补贴（黎文婧和路晓燕，2015），从而降低其所得税实际税率。地区的市场化水平、政府治理水平和法治化水平越高，非国有控股公司的实际税率更高（刘慧龙和吴联生，2014）。一方面，国有企业比非国有企业更易获得政府的信息，能更好地把握政府的需求和意图，与政府间的互惠互利关系更加融洽。另一方面，企业注重改善环境，生态效率表现良好，符合政府当前对环境利益的诉求，更容易从政府获得益处。当国有上市公司注重生态效率的提高时，恰好将这两种优势结合起来，更容易吸引政府对此类企业的"偏爱"。而对于非国有企业来说，其本身从资源上对政府的依赖程度就比较低，加之缺乏对政府需求和意图的深入了解，利用企业生态效率来降低所得税税负的动机不强。因此，我们认为，产权性质的差异可能会对企业生态效率与所得税实际税负的相关性产生影响，且这种影响可能是，在国有企业中，更为显著。

为此，我们选择企业产权性质是否是国有产权作为调节变量，引入企业生态效率和产权性质的交互项（$EE * Soe$），代入模型（7.1）中并进行回归分析，结果如表7-10所示。我们发现，企业生态效率与所得税实际税率在5%的水平上显著负相关，t值是-2.37，支持假设7.1的推论，同时交互项（$EE * Soe$）系数为负，且在10%水平上显著，这说明当企业产权性质是国有企业时，加强了企业生态效率与所得税实际税负的负向关系，与我们的预测一致。与非国有企业相比，国有企业的生态效率表现良好，会吸引政府税收优惠和补贴等政策的倾斜，更能够显著降低企业的所得税实际税率。

表7-10 引入公司产权性质的交互项检验

变量名称	(1)
EE	-0.055**
	(-2.37)
EE * Soe	-0.039*
	(-1.70)
Soe	0.096
	(1.55)
Size	0.036**
	(2.42)
Roa	0.159*
	(1.85)
Lev	-0.431*
	(-1.72)
_cons	-0.324
	(-1.27)
Industrydummy	Yes
Yeardummy	Yes
Areadummy	Yes
N	1196
R^2	0.091
F	4.948

注：第（1）列所列的被解释变量为实际所得税率 *Tax*；该模型均控制了年度虚拟变量、行业虚拟变量和地区虚拟变量。所有回归均采用调整后的稳健标准误来进行 t 检验，***、** 和 * 分别代表在1%、5%和10%水平上显著。

7.4.2 地区市场化水平的影响

在市场化改革的过程中，各地区市场化进程差异巨大，沿海地区利用区位和经济优势吸引外资以刺激经济增长，这种区域经济增长模式逐渐发展到内陆经济水平落后的省份，各地区之间为争夺资本展开激烈的竞争。税收是地方政府在地区竞争过程中争夺稀缺资源的重要手段，税收竞争广泛地存在于国家或地区之间（Ruding O.，1992；Chennells & Griffith，1997；Deverux et al.，

2002），税收优惠成为各地区招商引资的重要手段，较低的税负能够吸引投资者的兴趣，起到刺激投资的作用（Wu L. et al.，2007）。地方政府为发展本地经济吸引资本，通过施行优惠政策如提供比竞争地区相对较低的实际税负引导企业流入本地。税收优惠的方式有通过在法定税率的基础上给予企业一定的税收优惠，或是放松税收征收力度等措施，来降低企业的税负。刘慧龙和吴联生（2014）认为，发达的地区良好的制度环境提供了地区的竞争力，自身的地域优势，能够降低地方政府给予企业税收优惠的压力。换句话说，在市场化发达的地区，其相应的税收政策可能不及欠发达的地区。马勒和科尔克（Muller A. & Kolk A.，2015）采用《中国统计年鉴》和《中国税务年鉴》中省级税收数据开展研究发现，1998~2015年，我国东部地区企业所得税税负始终高于中西部地区，其中2015年，企业所得税税负最高的省份是北京和上海，其次是广东、天津和浙江，这些地区均是市场化发展水平较高的地区。因此，我们认为，地区差异性可能会对企业生态效率与所得税的关系产生影响，而且很可能是削弱性质的，即在市场化水平高的地区，企业生态效率带来的所得税税率降低不及在市场化水平低的地区显著。

为此，我们选择样本企业注册地所在省份的市场化进程指数作为调节变量，引入企业生态效率和市场化水平指数的交互项（$EE * Mindex$），代入模型（7.1）中并进行回归分析，结果如表7-11所示。我们发现，企业生态效率与所得税实际税率在1%的水平上依然显著负相关，t值是-4.68，支持假设7.1的推论，同时交互项（$EE * Mindex$）系数为正，且在1%水平上显著。这说明，当考虑到地区市场化水平差异时，会削弱企业生态效率与所得税实际税负的负相关关系，即在地区市场化水平较高的地区，企业生态效率与所得税实际税负的负相关关系会被削弱，这与我们的预测一致。因此，我们认为，我国各地区间存在明显的税收竞争，伴随着国家生态文明建设的步伐，地区市场化水平低的地区，可能给予企业的环保税收优惠和政府补助政策的力度更大，这使得生态效率表现良好的企业，更易实现所得税实际税率的降低。

表 7 – 11　　　　引入地区市场化水平的交互项检验

变量名称	(1)
EE	− 0. 129 ***
	(− 4. 68)
EE * Mindex	0. 005 ***
	(3. 05)
Mindex	− 0. 041 ***
	(− 11. 36)
Size	0. 036 **
	(2. 47)
Roa	0. 169 *
	(1. 94)
Lev	− 0. 385
	(− 1. 48)
Soe	0. 013
	(0. 43)
_ cons	0. 042
	(0. 19)
Industrydummy	Yes
Yeardummy	Yes
Areadummy	Yes
N	1196
R^2	0. 093
F	5. 111

注：第（1）列所列的被解释变量为实际所得税率 Tax；该模型均控制了年度虚拟变量、行业虚拟变量和地区虚拟变量。所有回归均采用调整后的稳健标准误来进行 t 检验，***、** 和 * 分别代表在 1%、5% 和 10% 水平上显著。

7. 4. 3　企业生态效率不同维度的影响

在进一步研究的过程中，除了上述对企业生态效率与企业所得税关系产生影响的因素外，本书在第 3 章中将企业生态效率分设了四个维度，不同维度对企业所得税实际税率会有何不同的影响呢？企业在哪些维度的改善更能带来所得税税负的降低呢？为此，本书将企业生态保护意识、生态效率管理过程、信息披露、合法性四个维度的测度值分别与所得税实际税率进行了回归，结果如表 7 - 12 所示。

表 7 - 12　　　　　生态效率不同维度对所得税的影响

变量名称	(1)	(2)	(3)	(4)
Awareness	- 0. 023 *** (- 3. 68)			
Process		- 0. 008 *** (- 9. 26)		
Form			- 0. 040 *** (- 3. 41)	
Legality				- 0. 023 * (- 1. 92)
Size	0. 027 * (1. 95)	0. 040 *** (2. 93)	0. 027 ** (2. 00)	0. 021 (1. 50)
Roa	0. 160 ** (2. 23)	0. 147 ** (2. 17)	0. 150 ** (2. 16)	0. 169 ** (2. 40)
Lev	- 0. 375 * (- 1. 86)	- 0. 437 ** (- 2. 03)	- 0. 442 ** (- 2. 27)	- 0. 378 ** (- 2. 05)
Soe	- 0. 009 (- 0. 33)	0. 003 (0. 09)	- 0. 005 (- 0. 16)	- 0. 011 (- 0. 42)
_ *cons*	- 0. 186 (- 0. 71)	- 0. 458 * (- 1. 78)	- 0. 134 (- 0. 53)	- 0. 086 (- 0. 32)
Industrydummy	Yes	Yes	Yes	Yes
Yeardummy	Yes	Yes	Yes	Yes
Areadummy	Yes	Yes	Yes	Yes
N	1253	1253	1253	1253
R^2	0. 077	0. 085	0. 074	0. 075
F	4. 543	5. 256	4. 374	4. 413

注：第 (1) ~ (4) 列所列的被解释变量均为实际所得税率 *Tax*；该模型均控制了年度虚拟变量、行业虚拟变量、地区虚拟变量。所有回归均采用调整后的稳健标准误来进行 t 检验，*** 、** 和 * 分别代表在 1% 、5% 和 10% 水平上显著。

我们发现，企业生态效率的四个维度均与所得税实际税率显著负相关，企业生态保护意识、生态效率管理过程、信息披露与所得税实际税率在 1% 水平上显著负相关，*t* 值分别是 - 3. 68、

- 9.26和 - 3.41，生态效率相关的合法性与所得税实际税率在
10%水平上显著负相关，t 值是 - 1.92。也就是说，生态效率每
个维度表现好，都能够带来所得税实际税率的降低。企业对生态
效率任何一个维度的改善，对于政府这个利益相关者而言都是被
认可的，都可能相应地带来一定的税收上的利好，这对企业来说
是一个好消息，可驱动企业更好地发挥生态效率优势，重视企业
生态效率的改善。同时，结合前面企业生态效率不同维度与债务
成本和审计费用关系的研究，我们还观察到，不同利益相关者对
企业生态效率的关注侧重点各有不同。其中，债权人更多关注企
业生态保护的意识和生态效率管理过程，因为这与债权人的信贷
风险息息相关；中介组织中的注册会计师更多关注企业生态效率
信息的披露载体，企业生态效率信息披露的载体越重要，越能带
来审计费用的降低；而政府则对企业生态效率的各个维度均有关
注，每个维度上生态效率的提高，均能影响所得税实际税负。

7.5 稳健性检验

为了保证结果的可靠性，避免变量选择带来的偏差，本章进
行了相关的稳健性检验。本章将生态效率 EE 的测度值和所得税
实际税率采用不同的方法进行测算。表 7 - 13 第（1）列中改变
了被解释变量所得税实际税负的计算方法，参照卢洪友等
（2017）和黄蓉等（2013）的做法，未将所得税费用进行标准化，
而是直接采用所得税费用进行回归；第（2）列改变了解释变量
企业生态效率的评价方法，即对所得的生态效率测度总分值进行
标准化处理，将样本公司的生态效率所得的总分除以最大可能得
分，并经过百分制处理（武恒光和王守海，2016）；第（3）列是
将被解释变量和解释变量按第（1）和第（2）列的方式同时替

换。我们观察到，在对被解释变量和解释变量采用不同方式度量后，企业生态效率与所得税实际税负仍然显著负相关，支持假设7.1 的推论。因此，可在一定程度上说明本章的结论具有稳健性。

表 7 - 13　　　　　　　　　　　　稳健性检验

变量名称	(1)	(2)	(3)
EE	- 0. 007 **	- 0. 007 ***	- 0. 501 *
	(- 2. 02)	(- 6. 08)	(- 1. 89)
Size	1. 123 ***	0. 043 ***	1. 123 ***
	(28. 42)	(2. 70)	(28. 17)
Roa	- 1. 004 ***	0. 134 **	- 1. 004 ***
	(- 3. 77)	(2. 00)	(- 3. 74)
Lev	12. 040 ***	- 0. 429 **	12. 024 ***
	(5. 92)	(- 2. 16)	(5. 88)
Soe	- 0. 263 ***	0. 006	- 0. 263 ***
	(- 4. 01)	(0. 19)	(- 3. 99)
_ cons	- 7. 515 ***	- 0. 486	- 7. 515 ***
	(- 9. 72)	(- 1. 64)	(- 9. 69)
Industrydummy	Yes	Yes	Yes
Yeardummy	Yes	Yes	Yes
Areadummy	Yes	Yes	Yes
N	1093	1228	1093
R^2	0. 737	0. 088	0. 737
F	118. 189	5. 230	117. 914

　　注：第（1）～（3）列所列的被解释变量为实际所得税率 Tax；该模型均控制了年度虚拟变量、行业虚拟变量和地区虚拟变量。所有回归均采用调整后的稳健标准误来进行 t 检验，*** 、** 和 * 分别代表在 1% 、5% 和 10% 水平上显著。

7.6　本　章　小　结

　　本章的研究立足于企业与政府关系视角，探讨企业生态效率的高低，能否影响到所得税实际税负。基于 2013 ~ 2015 年重污染行业上市公司的样本，对企业生态效率和所得税实际税负进行实证分析后发现，企业生态效率与所得税实际税负呈负相关关系。

具体来说，在重污染行业上市公司中，企业生态效率高的公司，其所得税实际税负更低。在进行了 Heckman 两阶段处理效应模型检验、倾向得分匹配检验和引入了一些潜在遗漏变量及进行固定效应检验，以期降低可能的内生性问题后，发现上述结果依然成立。进一步地，本章加入交互项检验，发现公司产权性质、上市公司所处地区的市场化水平均对企业生态效率与所得税实际税负的负相关关系起到调节作用。国有企业的生态效率高，更易获得政府的税收优惠政策的倾斜，所得税实际税负更显著降低。另外，在地区市场化欠发达的地区，更可能通过税收优惠来鼓励上市公司承担其生态责任。此外，本章还发现，企业生态效率的四个维度均对所得税实际税负有显著的负相关影响。最后，本章通过替换被解释变量和解释变量的度量方法来进行稳健性测试，我们发现结果依然成立。故此，本章得出如下结论：企业生态效率与企业的所得税实际税负显著负相关。

结　　论

　　党和政府已经把"生态文明建设"纳入国家发展总体布局中，把解决环境问题提升到国家战略层面。人们过去是"盼温饱""求生存"，现在是"盼环保""求生态"。政府在致力推动构建绿色低碳循环发展的经济体系，鼓励生产领域的绿色创新和技术研发，最大限度地降低生产活动的资源消耗、污染排放强度和总量。在此宏观背景下，本书提出企业生态效率是恰当评价企业财务和环境绩效互动关系的合适指标。企业生态效率不仅评价企业的经济表现，而是综合评价企业的经济和环境的共同表现，这更符合社会可持续发展的需求，也更满足利益相关者对企业的期望。与此同时，本书在前人研究的基础上，建立了企业生态效率测度的评价体系，通过"内容分析法"对各指标进行逐一评分赋值，最后得到企业生态效率的测度值。将企业的经济与环境表现综合地体现在生态效率测度值这一指标上，打破了原有的财务绩效和环境表现难以综合度量的困境，更利于深入探讨企业生态效率的"前因后果"。进一步，本书基于 2013～2015 年重污染行业上市公司的样本，分析了企业生态效率的影响因素和其改善后可能带来的经济后果，并得到如下结论。

　　外部政府监管压力和企业内部特征是影响企业生态效率的显著因素。实证检验发现，外部政府监督压力与企业生态效率具有显著正相关关系。当企业注册地所处的省份政府监管压力大时，企业的生态效率更高，说明制度上的压力能够促进企业生态效率的改善。公司规模、公司产权性质、公司成长性、董事长总经理是否二职合一及董事会规模对企业的生态效率有显著影响。具有来说，公司规模越大，国有企业，董事会规模越大，企业的生态效率越高；公司越处于高速成长期，董事长总经理二职合一，企业的生态效率越低。

企业生态效率的经济后果之一是，与企业的债务成本显著负相关。具体来说，重污染行业上市公司中，企业生态效率高的公司，其债务成本显著更低，在引入了一些潜在遗漏变量，以期降低可能的内生性问题后，发现上述结果依然成立。进一步，本书发现，在非国有企业、会计信息质量低的企业、公司治理环境较弱的企业、上市公司注册地所处地区的市场化水平较低的企业，其生态效率越高，越能带来债务成本的降低。原因可能在于非国有企业、会计信息质量低的企业、公司治理环境较弱的企业、上市公司注册地所处地区的市场化水平较低的企业，自身的信贷风险偏高，信息不对称程度较高，而此时企业生态效率的表现对于债权人而言便是更为重要和有效地评估信贷风险的依据，在这样的企业中，生态效率高更容易获得低成本的债务融资。同时，本书发现，在企业生态效率四个维度中（企业生态保护意识维度、生态效率管理过程维度、信息披露载体维度及合法性维度），债权人更看重企业的生态保护意识和生态效率管理过程，而对于信息披露的方式和企业合法性与债务成本并没有具有显著相关性。

企业生态效率的经济后果之二是，与企业的审计费用显著负相关。具体来说，重污染行业上市公司中，企业生态效率高的公司，其审计费用显著更低，在引入了一些潜在遗漏变量，以期降低可能的内生性问题后，发现上述结果依然成立。进一步地，本书发现，在会计师事务所特征、上市公司上年的审计报告类型、上市公司产权性质、所处地区的市场化水平均对企业生态效率与审计费用的负相关关系起到调节作用。当会计师事务所是国际

"四大"会计师事务所、上市公司上年年报是"标准无保留意见"、上市公司产权是国有产权及上市公司所处地区是市场化水平较高的地区时,其企业生态效率高能够带来审计费用的降低的关系将被削弱。同时,本书发现,注册会计师更依赖企业生态效率四个维度中信息披露载体这一维度所反映的信息,这一维度与审计费用具有显著负相关关系,其余维度与审计费用没有显著相关性。

企业生态效率的经济后果之三是,与企业的所得税实际税负显著负相关。具体来说,重污染行业上市公司中,企业生态效率高的公司,其所得税实际税负更低,在引入了一些潜在遗漏变量,以期降低可能的内生性问题后,发现上述结果依然成立。进一步,本书发现,公司产权性质、上市公司注册地所处地区的市场化水平均对企业生态效率与所得税实际税负的负相关关系起到调节作用。国有企业的生态效率高,更易获得政府的税收优惠政策的倾斜,所得税实际税负更显著降低;市场化欠发达的地区,更可能通过税收优惠吸引,来鼓励上市公司承担其生态责任。同时,本书发现,企业生态效率的四个维度均与所得税实际税负具有显著负相关关系。

总结来说,在生态文明建设的进程中,企业生态效率的测度、影响因素和经济后果研究是具有重要的理论和现实意义的。企业生态效率体现了财务绩效和环境绩效的互动关系,企业提供生态效率信息可提高会计信息的质量,在信息不对称的背景下,该信息能够及时被利益相关者获知,并带来相应的经济后果,有效地降低信息不对称程度。当然,本书存在一定的局限性:第一,本书仅从债权人、审计中介机构及政府的视角,考察企业生态效率的影响,未来可以进一步尝试考察生态效率对其他更广泛的利益相关者的影响,并探讨具体的影响路径,以期为企业和利益相关者提供更有价值的信息。第二，本书仅针对重污染行业上市公司 2013～2015 年的生态效率展开探讨，未来有待进一步增加样本量，在更广的行业范围和更长的年度区间内研究企业生态效率的相关问题。本书中生态效率的测度倾向于以环境方面的信息为主，未来有待于进一步拓宽生态效率的测度范围和测度内容，以期更全面地反映企业生态效率情况。

参 考 文 献

［1］刘运国，陈国菲. BSC 与 EVA 相结合的企业绩效评价研究——基于 GP 企业集团的案例分析［J］. 会计研究，2007，9（5）：20-25.

［2］陆桂贤. 我国上市公司并购绩效的实证研究——基于 EVA 模型［J］. 审计与经济研究，2012，41（2）：104-109.

［3］刘刚，高轶文. 企业环境业绩与财务业绩指标的结合：联合国贸易与发展会议发布［M］. 北京：中国财政经济出版社，2003，26-27.

［4］孔海宁. 中国钢铁企业生态效率研究［J］. 经济与管理研究，2016，45（9）：88-95.

［5］高文. 我国工业企业生态效率及污染治理研究［J］. 生态经济，2017，33（1）：21-27.

［6］周守华，吴春雷，刘国强. 企业生态效率，融资约束异质性与出口模式选择——基于 2013 年世界银行公布的中国企业调查数据［J］. 财贸经济，2015（10）：134-147.

［7］程远. 两型社会背景下区域工业企业生态效率及影响因素研究［D］. 中国科技大学，2011，70-75.

［8］金桂荣，张丽. 中小企业节能减排效率及影响因素研究［J］. 中国软科学，2014，98（1）：126-133.

［9］陈晓红，陈石. 企业两型化发展效率度量及影响因素研究［J］. 中国软科学，2013，79（4）：129-139.

［10］徐莉萍，戴薇. 企业生态效率及其影响因素的实证检验——

基于 DEA—Tobit 两步法的分析 [J]. 财会月刊, 2016, 7 (8): 85 - 90.

[11] 杨东宁, 周长辉. 企业环境绩效与经济绩效的动态关系模型 [J]. 中国工业经济, 2004, 8 (4): 43 - 50.

[12] 周守华, 陶春华. 环境会计: 理论综述与启示 [J]. 会计研究, 2012, 2 (3): 10.

[13] 李维安, 王世权. 利益相关者治理理论研究脉络及其进展探析 [J]. 外国经济与管理, 2007, 14 (4): 9 - 12.

[14] 陈宏辉, 贾生华. 企业利益相关者三维分类的实证分析 [J]. 经济研究, 2004, 4 (20): 80 - 89.

[15] 李心合. 面向可持续发展的利益相关者管理 [J]. 当代财经, 2001, 25 (1): 66 - 70.

[16] 陈宏辉. 企业的利益相关者理论与实证研究 [D]. 浙江大学, 2003, 30 - 34.

[17] 陈宏辉, 贾生华. 企业利益相关者的利益协调与公司治理的平衡原理 [J]. 中国工业经济, 2005, 8 (11): 118 - 129.

[18] 龚光明, 陈若华. 产权保护, 收益计量与会计制度改革 [J]. 会计研究, 2012, 7: 8 - 14.

[19] 张秀敏, 汪瑾, 薛宇, 等. 语义分析方法在企业环境信息披露研究中的应用 [J]. 会计研究, 2016 (1): 87 - 94.

[20] 王建明. 环境信息披露, 行业差异和外部制度压力相关性研究——来自我国沪市上市公司环境信息披露的经验证据 [J]. 会计研究, 2008 (6): 54 - 62.

[21] 黄珺, 周春娜. 股权结构, 管理层行为对环境信息披露影响的实证研究——来自沪市重污染行业的经验证据 [J]. 中国软科学, 2012 (1): 133 - 143.

[22] 沈洪涛, 冯杰. 舆论监督, 政府监管与企业环境信息披露

［J］. 会计研究，2012，2：72－78.

［23］沈洪涛，黄珍，郭肪汝. 告白还是辩白——企业环境表现与环境信息披露关系研究［J］. 南开管理评论，2014（2）：56－63.

［24］姚圣，杨洁，梁昊天. 地理位置，环境规制空间异质性与环境信息选择性披露［J］. 管理评论，2016，28（6）：192－204.

［25］毕茜，彭珏，左永彦. 环境信息披露制度，公司治理和环境信息披露［J］. 会计研究，2012，7：39－47.

［26］毕茜，顾立盟，张济建. 传统文化，环境制度与企业环境信息披露［J］. 会计研究，2015（3）：12－19.

［27］武恒光，王守海. 债券市场参与者关注公司环境信息吗？——来自中国重污染上市公司的经验证据［J］. 会计研究，2016，9：68－74.

［28］肖华，张国清，李建发. 制度压力，高管特征与公司环境信息披露［J］. 经济管理，2016（3）：168－180.

［29］孟晓华，曾赛星，张振波，等. 高管团队特征与企业环境责任——基于制造业上市公司的实证研究［J］. 系统管理学报，2012，21（6）：825－834.

［30］黄伟，陈钊. 外资进入，供应链压力与中国企业社会责任［J］. 管理世界，2015，30（2）：91－100.

［31］郭秀珍. 环境保护与企业环境会计信息披露——基于公司治理结构的上市公司经验数据分析［J］. 财经问题研究，2013（5）：116－121.

［32］颉茂华，王瑾，刘冬梅. 环境规制，技术创新与企业经营绩效水［J］. 南开管理评论，2014，17（6）：106－113.

［33］蒋为. 环境规制是否影响了中国制造业企业研发创新？［J］. 财经研究，2015，41（2）：76－87.

[34] 胡亚权，周宏. 高管薪酬，公司成长性水平与相对业绩评价——来自中国上市公司的经验证据 [J]. 会计研究，2012，34（5）：22－28.

[35] 舒岳. 浙江省上市公司社会责任信息披露的现状剖析——基于公司社会责任报告视角 [J]. 财经论丛，2014，33（5）：52－58.

[36] 沈坤荣，金刚，方娴. 环境规制引起了污染就近转移吗？[J]. 经济研究，2017，41（5）：44－59.

[37] 林晚发，李国平，等. 媒体监督与债务融资成本——基于中国发债上市公司的经验证据 [J]. 中国会计评论，2014，12（4）：479－498.

[38] 梁上坤，赵刚，王玉涛. 会计信息透明度会影响银行借款契约吗？[J]. 中国会计评论，2013，11（4）：457－490.

[39] 倪娟，孔令文. 环境信息披露，银行信贷决策与债务融资成本——来自我国沪深两市 A 股重污染行业上市公司的经验证据 [J]. 经济评论，2016（1）：147－156.

[40] 梁上坤，陈冬华. 大股东会侵犯管理层利益吗？——来自资金占用与管理层人员变更的经验证据 [J]. 金融研究，2015，78（3）：192－206.

[41] 曹越，吕亦梅，张肖飞. 其他综合收益的价值相关性及预测能力研究 [J]. 证券市场导报，2015，13（5）：6－8.

[42] 王彦超，姜国华，辛清泉. 诉讼风险，法制环境与债务成本 [J]. 会计研究，2016，340，310（6）：30－37.

[43] 罗琦，王悦歌. 真实盈余管理与权益资本成本——基于公司成长性差异的分析 [J]. 金融研究，2015，300（5）：178－191.

[44] 王蕾，孙仲谋，杜栋. 中小企业股权激励机制对债务资本成本的影响研究 [J]. 财经理论研究，2017，321（4）：86－93.

[45] 李姝, 赵颖, 童婧. 社会责任报告降低了企业权益资本成本吗? ——来自中国资本市场的经验证据 [J]. 会计研究, 2013, 240 (9): 64 – 70.

[46] 汪平, 邹颖, 黄丽凤. 高管薪酬激励的核心重构: 资本成本约束观 [J]. 中国工业经济, 2014, 255 (5): 109 – 121.

[47] 雷霆, 周嘉南. 股权激励, 高管内部薪酬差距与权益资本成本 [J]. 管理科学, 2014, 24 (6): 12 – 26.

[48] 王雄元, 高开娟. 如虎添翼抑或燕巢危幕: 承销商, 大客户与公司债发行定价 [J]. 管理世界, 2017, 340 (9): 42 – 59.

[49] 樊纲, 王小鲁, 朱恒鹏. 中国市场指数——各省区市场化相对进程 2011 年度报告 [M]. 北京: 经济科学出版社, 2011, 40 – 50.

[50] 胡奕明, 林文雄, 李思琦, 等. 大贷款人角色: 我国银行具有监督作用吗? [J]. 经济研究, 2008, 140 (10): 52 – 64.

[51] 林毅夫, 李志赟. 政策性负担, 道德风险与预算软约束 [J]. 经济研究, 2004, 2 (1): 1 – 21.

[52] 方红星, 施继坤, 张广宝. 产权性质, 信息质量与公司债定价——来自中国资本市场的经验证据 [J]. 金融研究, 2013 (4): 170 – 182.

[53] 张圣利. 产权特征, 稳健会计政策与公司债务融资成本——来自中国证券市场的经验证据 [J]. 经济与管理, 2014, 28 (6): 45 – 50.

[54] 李志军, 王善平. 货币政策, 信息披露质量与公司债务融资 [J]. 会计研究, 2011, 110 (3): 47 – 54.

[55] 蒋琰, 桑莹. 我国上市公司股权融资偏好研究——来自上市公司的经验数据分析 [J]. 生产力研究, 2008 (3): 40 – 42.

[56] 曾亚敏, 张俊生. 税收征管能够发挥公司治理功用吗? [J].

管理世界，2009（3）：143－151．

[57] 刘慧龙，王成方，吴联生．决策权配置，盈余管理与投资效率 [J]．经济研究，2014，49（8）：93－106．

[58] 傅代国，刘永冠，金智．地方治理，利益侵占与债务成本 [J]．投资研究，2012，50（6）：104－117．

[59] 陈汉文，周中胜．内部控制质量与企业债务融资成本 [J]．南开管理评论，2014，110（3）：1－9．

[60] 伍利娜．审计定价影响因素研究——来自中国上市公司首次审计费用披露的证据 [J]．中国会计评论，2003，14（6）：113－128．

[61] 周冬华，赵玉洁．分析师跟进能够降低审计费用吗——来自中国证券市场的经验证据 [J]．证券市场导报，2015（1）：13－18．

[62] 韩丽荣，高瑜彬，姜悦．企业环境信息披露对审计费用影响的实证分析 [J]．当代经济研究，2014，98（5）：92－96．

[63] 陈淑芳，僧会远．环境信息披露对注册会计师审计的影响研究——基于沪市重污染行业的经验证据 [J]．西安财经学院学报，2016，29（4）：101－107．

[64] 薄仙慧，吴联生．盈余管理，信息风险与审计意见 [J]．审计研究，2011，54（1）：90－97．

[65] 施先旺，李志刚，刘拯．分析师预测与上市公司审计收费研究——基于信息不对称理论的视角 [J]．审计与经济研究，2015，65（3）：39－48．

[66] 张娟，黄志忠．高管报酬，机会主义盈余管理和审计费用——基于盈余管理异质性的视角 [J]．南开管理评论，2014，31（3）：74－83．

[67] 牟韶红，李启航，陈汉文．内部控制，产权性质与超额在职

消费——基于 2007—2014 年非金融上市公司的经验研究 [J]. 审计研究, 2016, 112 (4): 90 - 98.

[68] 朱红军, 章立军. 审计费用的特征及其分析——来自沪市上市公司的经验证据 [J]. 证券市场导报, 2003, 36 (12): 34 - 39.

[69] 张奇峰, 张鸣, 戴佳君. 中国审计定价实证研究述评 [J]. 会计研究, 2006, 58 (6): 87 - 93.

[70] 郭梦岚, 李明辉. 公司治理, 控制权性质与审计定价 [J]. 管理科学, 2009, 77 (6): 71 - 83.

[71] 梅波. 行业周期, 两类代理冲突与研发费用投入——来自企业和行业层面的证据 [J]. 财经论丛, 2013, 41 (4): 73 - 80.

[72] 蔡吉甫. 公司治理, 审计风险与审计费用关系研究 [J]. 审计研究, 2007, 3: 65 - 71.

[73] 黄秋敏. 上市银行内部控制信息披露状况分析——以 2001—2006 年度报告为研究对象 [J]. 审计研究, 2008, 1: 82 - 89.

[74] 李越冬, 张冬, 刘伟伟. 内部控制重大缺陷, 产权性质与审计定价 [J]. 审计研究, 2014, 125 (2): 45 - 52.

[75] 吕兆德, 朱星文, 宗文龙. 民间审计地域特征研究——来自中国 A 股市场的证据 [J]. 统计研究, 2007, 24 (1): 40 - 46.

[76] 刘斌, 叶建中, 廖莹毅. 我国上市公司审计收费影响因素的实证研究——深沪市 2001 年报的经验证据 [J]. 审计研究, 2003, 46 (1): 44 - 47.

[77] 刘爱东, 赵金玲. 政府投资公共工程绩效审计评价指标研究——来自问卷调查的经验证据 [J]. 审计与经济研究, 2010, 98 (3): 31 - 38.

[78] 曹国华, 林川, 丘邦翰, 等. 物价水平, 工资差异与审计定价 [J]. 南京审计学院学报, 2012, 12 (3): 69 – 76.

[79] 王雄元, 王鹏, 张金萍. 客户集中度与审计费用: 客户风险抑或供应链整合 [J]. 审计研究, 2014, 154 (6): 72 – 82.

[80] 王兵, 辛清泉. 分所审计是否影响审计质量和审计收费? [J]. 审计研究, 2010, 88 (2): 70 – 76.

[81] 田利辉, 刘霞. 国际 "四大" 的品牌溢价和我国上市公司的审计收费 [J]. 中国会计评论, 2013, 5 (1): 55 – 70.

[82] 李越冬, 张冬, 刘伟伟. 内部控制重大缺陷, 产权性质与审计定价 [J]. 审计研究, 2014, 154 (2): 45 – 52.

[83] 程昔武, 张泽云, 纪纲. 产权性质, 会计—税收差异与审计收费——来自中国 A 股上市公司的经验证据 [J]. 审计与经济研究, 2016, 31 (5): 22 – 29.

[84] 姚圣, 周敏. 客户集中度, 产权性质与环境信息披露 [J]. 财会通讯, 2016, 24 (2): 10 – 16.

[85] 陈信元, 夏立军. 审计任期与审计质量: 来自中国证券市场的经验证据 [J]. 会计研究, 2006, 58 (1): 44 – 53.

[86] 王立彦, 谌嘉席, 伍利娜. 我国上市公司审计费用存在 "粘性" 吗? [J]. 审计与经济研究, 2014, 65 (3): 3 – 12.

[87] 王兵, 苏文兵, 何梦庄. "四大" 审计质量在中国存在差异吗? [J]. 审计研究, 2011, 89 (6): 17.

[88] 黎文靖, 路晓燕. 机构投资者关注企业的环境绩效吗?——来自我国重污染行业上市公司的经验证据 [J]. 金融研究, 2015, 111 (12): 97 – 112.

[89] 邹萍. "言行一致" 还是 "投桃报李"? 企业社会责任信息披露与实际税负 [J]. 经济管理, 2018, 34 (3): 10 – 11.

[90] 吴联生. 国有股权, 税收优惠与公司税负 [J]. 经济研究,

2009, 74 (10): 109 - 120.

[91] 卢洪友, 唐飞, 许文立. 税收政策能增强企业的环境责任吗——来自我国上市公司的证据 [J]. 财贸研究, 2017, 28 (1): 85 - 91.

[92] 刘慧龙, 吴联生. 制度环境, 所有权性质与企业实际税率 [J]. 管理世界, 2014, 24 (4): 42 - 52.

[93] 田利辉, 张伟. 政治关联影响我国上市公司长期绩效的三大效应 [J]. 经济研究, 2013, 11 (5): 71 - 86.

[94] 王跃堂, 王亮亮, 彭洋. 产权性质, 债务税盾与资本结构 [J]. 经济研究, 2010, 36 (9): 122 - 136.

[95] 李维安, 徐业坤. 政治身份的避税效应 [J]. 金融研究, 2013, 23 (3): 114 - 129.

[96] 黄蓉, 易阳, 宋顺林. 税率差异, 关联交易与企业价值 [J]. 会计研究, 2013, 45 (8): 47 - 53.

[97] Schaltegger, Sturn. Ökologische Rationalität: Ansatzpunkte zur Ausgestaltung von ökologieorientierten Managementinstrumenten [J]. Die Unternehmung, 1990, 7 (1): 273 - 290.

[98] Elkington J. Towards the Sustainable Corporation: Win-win-win Business Strategies for Sustainable Development [J]. California Management Review, 1994, 36 (2): 90 - 100.

[99] Organisation for Economic Co-operation and Development. Factbook 2008: Economic, Environmental and Social Statistics [M]. Paris: OECD Press, 2008, 42 - 46.

[100] Burritt R. L., Schaltegger S. Sustainability Accounting and Reporting: Fad or Trend? [J]. Accounting, Auditing & Accountability Journal, 2010, 23 (7): 829 - 846.

[101] Schaltegger S., Figge F. Environmental Shareholder Value:

Economic Success with Corporate Environmental Management [J]. Corporate Social – Responsibility and Environmental Management, 2000, 7 (1): 29.

[102] Lamberton . Sustainability Accounting a Brief History and Conceptual Framework [J]. Accounting Forum, 2005, 29 (1): 7 – 26.

[103] Hahn T. , Figge F. , Pinkse J. , et al. Trade-offs in Corporate Sustainability: You Can't Have Your Cake and Eat It [J]. Business Strategy and the Environment, 2010, 19 (4): 217 – 229.

[104] Figge F. , Hahn T. Is Green and Profitable Sustainable? Assessing the Trade-off between Economic and Environmental Aspects [J]. International Journal of Production Economics, 2012, 140 (1): 92 – 102.

[105] Sun L, , Miao C. , Yang L. Ecological-economic Efficiency Evaluation of Green Technology Innovation in Strategic Emerging Industries Based on Entropy Weighted TOPSIS Method [J]. Ecological Indicators, 2017, 73: 554 – 558.

[106] Yao L. X. , Liao L. P. Efficiency Research on Ecological Technology Innovation of Enterprises in View of Low Carbon Strategy Based on Two-stage Chain DEA Model and Tobit Regression, Modelling [J]. Measurement and Control , 2015, 36 (1): 10 – 31.

[107] Tcvetkov P. , Strizhenok A. Ecological and Economic Efficiency of Peat Fast Pyrolysis Projects as an Alternative Source of Raw Energy Resources [J]. Journal of Ecological Engineering, 2016, 17 (1): 27 – 50.

[108] Pan Y. , Li H. Sustainability Evaluation of End-of-life Vehicle

Recycling Based on Emergy Analysis: A case study of an End-of-life Vehicle Recycling Enterprise in China [J]. Journal of Cleaner Production, 2016, 131: 219 – 227.

[109] Orsato R. J. Competitive Environmental Strategies: When Does It Pay to be Green? [J]. California Management Review, 2006, 48 (2): 127 – 143.

[110] Kleindorfer P. R., Singhal K., Wassenhove L. N. Sustainable Operations Management [J]. Production and Operations Management, 2005, 14 (4): 482 – 492.

[111] Alrazi B., de Villiers C., Van Staden C. J. A Comprehensive Literature Review on, and the Construction of a Framework for, Environmental Legitimacy, Accountability and Proactivity [J]. Journal of Cleaner Production, 2015, 102: 44 – 57.

[112] Lin B., Tan R. Ecological Total-factor Energy Efficiency of China's Energy Intensive Industries [J]. Ecological Indicators, 2016, 70: 480 – 497.

[113] Li J., Lin B. Ecological Total-factor Energy Efficiency of China's Heavy and Light Industries: Which Performs Better? [J]. Renewable and Sustainable Energy Reviews, 2017, 72: 83 – 94.

[114] D Agosto M., Ribeiro S. K. Eco-efficiency Management Program (EEMP) a Model for Road Fleet Operation [J]. Transportation Research Part D: Transport and Environment, 2004, 9 (6): 497 – 511.

[115] Song M., Zhang J., Wang S. Review of the Network Environmental Efficiencies of Listed Petroleum Enterprises in China

[J]. Renewable and Sustainable Energy Reviews, 2015, 43: 65 – 71.

[116] Dyckhoff H. , Allen K. Measuring Ecological Efficiency with Data Envelopment Analysis [J]. European Journal of Operational Research, 2001, 132 (2): 312 – 325.

[117] Korhonen P. J. , Luptacik M. Eco-efficiency Analysis of Power Plants: An Extension of Data Envelopment Analysis [J]. European Journal of Operational Research, 2004, 154 (2): 437 – 446.

[118] Suh Y. , Seol H. , Bae H. , et al. Eco-efficiency Based on Social Performance and its Relationship with Financial Performance [J]. Journal of Industrial Ecology, 2014, 18 (6): 909 – 919.

[119] Wang Q. , Sun Y. , Yuan X. , et al. Addressing the Efficiency of the Core Ecological Industrial Chain: A DEA Approach [J]. Journal of Cleaner Production, 2017, 156 (7): 235 – 243.

[120] Song M. , Wang S. , Cen L. Comprehensive Efficiency Evaluation of Coal Enterprises from Production and Pollution Treatment Process [J]. Journal of Cleaner Production, 2015, 104 (7): 374 – 379.

[121] Schaltegger S. , Synnestvedt T. The Link between Green and Economic Success: Environmental Management as the Crucial Trigger between Environmental and Economic Performance [J]. Journal of Environmental Management, 2002, 65 (4): 339 – 346.

[122] Figge F. , Hahn T. The Cost of Sustainability Capital and the Creation of Sustainable Value by Companies [J]. Journal of

Industrial Ecology, 2005, 9 (4): 47 –58.

[123] Khan M. , Serafeim G. , Yoon A. Corporate Sustainability: First Evidence on Materiality [J]. The Accounting Review, 2016, 91 (6): 1697 –1724.

[124] Bushee B. J. , Gow I. D. , Taylor D. J. Linguistic Complexity in Firm Disclosures: Obfuscation or Information? [J]. Journal of Accounting Research, 2018, 56 (1): 85 –121.

[125] PSizeti E. , Tenucci A. Eco-efficiency Measurement and the Influence of Organisational Factors: Evidence from Large Italian Companies [J]. Journal of Cleaner Production, 2016, 122 (9): 228 –239.

[126] Oggioni G. , Riccardi R. , Toninelli R. Eco-efficiency of the World Cement Industry: A Data Envelopment Analysis [J]. Energy Policy, 2011, 39 (5): 2842 –2854.

[127] Figge F. , Hahn T. Sustainable Value Added: Measuring Corporate Contributions to Sustainability Beyond Eco-efficiency [J]. Ecological Economics, 2004, 48 (2): 173 –187.

[128] Figge F. , Hahn T. Value Drivers of Corporate Eco-efficiency: Management Accounting Information for the Efficient Use of Environmental Resources [J]. Management Accounting Research, 2013, 24 (4): 387 –400.

[129] Sinkin C. , Wright C. J. , Burnett R. D. Eco-efficiency and Firm Value [J]. Journal of Accounting and Public Policy, 2008, 27 (2): 167 –176.

[130] Ma X. , Wang C. , Yu Y. , et al. Ecological Efficiency in China and Its Influencing Factors: A Super-efficient SBM Meta-frontier – Malmquist – Tobit Model Study [J]. Environmental

Science and Pollution Research, 2018, 74 (4): 1 – 19.

[131] Mir D. F. , Feitelson E. Factors Affecting Environmental Behavior in Micro-enterprises: Laundry and Motor Vehicle Repair Firms in Jerusalem [J]. International Small Business Journal, 2007, 25 (4): 383 – 415.

[132] Mir D. F. Environmental Behaviour in Chicago Automotive Repair Micro-enterprises (MEPs) [J]. Business Strategy and the Environment, 2008, 17 (3): 194 – 207.

[133] López-Gamero M. D. , Molina-Azorín J. F. , Claver-Cortés E. The Potential of Environmental Regulation to Change Managerial Perception, Environmental Management, Competitiveness and Financial Performance [J]. Journal of Cleaner Production, 2010, 18 (10): 963 – 974.

[134] Calcott P. , Walls M. Waste, Recycling, and "Design for Environment": Roles for Markets and Policy Instruments [J]. Resource and Energy Economics, 2005, 27 (4): 287 – 305.

[135] Côté R. , Booth A. , Louis B. Eco-efficiency and SMEs in Nova Scotia, Canada [J]. Journal of Cleaner Production, 2006, 14 (6): 542 – 550.

[136] Cha K. , Lim S. , Hur T. Eco-Efficiency Approach for Global Warming in the Context of Kyoto Mechanism [J]. Ecological Economics, 2008, 67 (2): 274 – 280.

[137] Shaozhou Q. , Wei L. Regional Economic Growth and Differences of Energy Intensity in China [J]. Economic Research Journal, 2007, 79 (7): 74 – 81.

[138] Atkinson G. Measuring Corporate Sustainability [J]. Journal of Environmental Planning and Management, 2000, 43 (2):

235 – 252.

[139] Christ K. L. , Burritt R. L. Environmental Management Accounting: The Significance of Contingent Variables for Adoption [J]. Journal of Cleaner Production, 2013, 41 (8): 163 – 173.

[140] Gond J. P. , Grubnic S. Herzig C. et al. Configuring Management Control Systems: Theorizing the Integration of Strategy and Sustainability [J]. Management Accounting Research, 2012, 23 (3): 205 – 223.

[141] Triebswetter U. , Hitchens D. The Impact of Environmental Regulation on Competitiveness in the German Manufacturing Industry a Comparison with Other Countries of the European Union [J]. Journal of Cleaner Production, 2005, 13 (7): 733 – 745.

[142] Song M. , Zheng W. Computational Analysis of Thermoelectric Enterprises' Environmental Efficiency and Bayesian Estimation of Influence Factors [J]. The Social Science Journal, 2016, 53 (1): 88 – 99.

[143] Finkbeiner M. , Schau E. M. Lehmann A. et al. Towards Life Cycle Sustainability Assessment [J]. Sustainability, 2010, 2 (10): 3309 – 3322.

[144] Orsato R. J. What are Sustainability Strategies? Sustainability Strategies [M]. London: Palgrave Macmillan Press, 2009, 23 – 42.

[145] Delmas M. A. Pekovic S. Resource Efficiency Strategies and Market Conditions [J]. Long Range Planning, 2015, 48 (2): 80 – 94.

[146] Ambec S. , Lanoie P. Does It Pay to be Green? A Systematic

Overview [J]. Academy of Management Perspectives, 2008, 22: 45 - 62.

[147] Gong X. , Yang S. , Zhang M. Not Only Health: Environmentp Pollution Disastersand Political Trust [J]. Sustainability, 2017, 9 (4): 1 - 28.

[148] Miles M. P. , Covin J. G. Environmental Marketing: A Source of Reputational, Competitive, and Financial Advantage [J]. Journal of Business Ethics, 2000, 23 (3): 299 - 311.

[149] Klassen R. D. , Whybark D. C. The Impact of Environmental Technologies on Manufacturing Performance [J]. Academy of Management Journal, 1999, 42 (6): 599 - 615.

[150] Sharma S. , Vredenburg H. Proactive Corporate Environmental Strategy and the Development of Competitively Valuable Organizational Capabilities [J]. Strategic Management Journal, 1998, 78 (5): 729 - 753.

[151] Burnett R. D. , Hansen D. R. Ecoefficiency: Defining a Role for Environmental Cost Management [J]. Accounting, Organizations and Society, 2008, 33 (6): 551 - 581.

[152] Gray R. , Bebbington J. Environmental Accounting, Manager and Sustainability: Is the Planet Safe in the Hands of Business and Accounting? Advances in Environmental Accounting & Management [J]. Emerald Group Publishing Limited, 2000, 65 (9): 1 - 44.

[153] Joshi P. L. The International Diffusion of New Management Accounting Practices: The Case of India [J]. Journal of International Accounting, Auditing and Taxation, 2001, 10 (1): 85 - 109.

[154] Erkko S, Melanen M, Mickwitz P. Eco-efficiency in the Finnish EMAS Reports—A Buzz Word? [J]. Journal of Cleaner Production, 2005, 13 (8): 799 –813.

[155] Moore D. S. New Pedagogy and New Content: The Case of Statistics [J]. International Statistical Review, 1997, 65 (2): 123 –137.

[156] Panayotou T. Demystifying the Environmental Kuznets Curve: Turning a Black Box into a Policy Tool [J]. Environment and Development Economics, 1997, 2 (4): 465 –484.

[157] Grossman S. J, Hart O. D. The Costs and Benefits of Ownership: A Theory of Vertical and Lateral Integration [J]. Journal of Political Economy, 1986, 94 (4): 691 –719.

[158] Hart O., Moore J. Property Rights and the Nature of the Firm [J]. Journal of Political Economy, 1990, 98 (6): 1119 –1158.

[159] Hannan M. T., Freeman J. Structural Inertia and Organizational Change [J]. American Sociological review, 1984, 87 (6): 149 –164.

[160] Penrose E. T. The Theory of the Growth of the Firm [M]. New York: Sharpe Press, 1959, 104 –105.

[161] Ansoff H. I. Corporate Strategy: Business Policy for Growth and Expansion [M]. New York: McGraw-Hill Book Press, 1965, 24 –26.

[162] Clarkson M. A. Risk Based Model of Stakeholder Theory. In: Proceedings of the Second Toronto Conference on Stakeholder Theory [J]. Toronto, 1994: 18 –19.

[163] Charkham J. P. Corporate Governance: Lessons from Abroad [J]. European Business Journal, 1992, 4 (2): 8 –17.

[164] Silinpaa M. Wheeler D. The Stakeholder Corporation [M]. London: Financial Times Prentice Hall Publishing Press, 1998, 105 - 106.

[165] Mitchell R. K., Agle B. R., Wood D. J. Toward a Theory of Stakeholder Identification and Salience: Defining the Principle of Who and What Really Counts [J]. Academy of Management Review, 1997, 22 (4): 853 - 886.

[166] Jensen M. C., Meckling W H. Theory of the Firm: Managerial Behavior, Agency Costs and Ownership Structure [J]. Journal of Financial Economics, 1976, 3 (4): 305 - 360.

[167] Crane A., Matten D., Moon J., et al. Corporations and Citizenship [M]. Cambridge: Cambridge University Press, 2008, 35 - 40.

[168] Freeman R. E., Velamuri S. R. A New Approach to CSR: Company Stakeholder Responsibility. Corporate Social Responsibility [M]. UK: Palgrave Macmillan Press, 2006, 9 - 23.

[169] Simon H. A. Rational Decision Making in Business Organizations [J]. The American Economic Review, 1979, 69 (4): 493 - 513.

[170] Akerlof G. A. The Market for "Lemons": Quality Uncertainty and the Market Mechanism [J]. The Quarterly Journal of Economics, 1970: 488 - 500.

[171] Cassar G., Ittner C. D., Cavalluzzo K. S. Alternative Information Sources and Information Asymmetry Reduction: Evidence from Small Business Debt [J]. Journal of Accounting and Economics, 2015, 59 (2 - 3): 242 - 263.

[172] La Porta R. , Lopez-de-Silanes F. , Shleifer A. , et al. Investor Protection and Corporate Governance [J]. Journal of Financial Economics, 2000, 58 (1): 3 – 27.

[173] Shleifer A. , Vishny R. W. A Survey of Corporate Governance [J]. The journal of Finance, 1997, 52 (2): 737 – 783.

[174] Narayanan M. P. Managerial Incentives for Short Term Results [J]. The Journal of Finance, 1985, 40 (5): 1469 – 1484.

[175] Kovacs T. Equity Issues and Temporal Variation in Information Asymmetry [J]. Journal of Banking & Finance, 2010, 34 (1): 12 – 23.

[176] Chava S. , Roberts M. R. How Does Financing Impact Investment? The Role of Debt Covenants [J]. The Journal of Finance, 2008, 63 (5): 2085 – 2121.

[177] Krishnaswami S. , Yaman D. Contracting Costs and the Window of Opportunity for Straight Debt Issues [J]. Journal of Banking & Finance, 2007, 31 (3): 869 – 888.

[178] Alchian A. A. , Demsetz H. Production, Information Costs, and Economic Organization [J]. The American Economic Review, 1972, 62 (5): 777 – 795.

[179] Gong D. , Tang M. , Liu S. , et al. Reconsidering Production Coordination: A Principal-agent theory-based Analysis [J]. Advances in Production Engineering & Management, 2017, 12 (1): 51.

[180] Salehyan I. , Siroky D. , Wood R. M. External Rebel Sponsorship and Civilian Abuse: A Principal-agent Analysis of Wartime Atrocities [J]. International Organization, 2014, 68 (3): 633 – 661.

[181] Rubin J., Sheremeta R. Principal-agent Settings with Random Shocks [J]. Management Science, 2015, 62 (4): 985 –999.

[182] Zeng S. X., Meng X. H., Yin H. T., et al. Impact of Cleaner Production on Business Performance [J]. Journal of Cleaner Production, 2010, 18 (10): 975 –983.

[183] Zeng S. X., Xu X. D., Yin H. T., et al. Factors That Drive Chinese Listed Companies in Voluntary Disclosure of Environmental Information [J]. Journal of Business Ethics, 2012, 109 (3): 309 –321.

[184] Meng X. H., Zeng S. X., Tam C. M., et al. Whether Top Executives' Turnover Influences Environmental Responsibility: From the Perspective of Environmental Information Disclosure [J]. Journal of Business Ethics, 2013a, 114 (2): 341 –353.

[185] Meng X. H., Zeng S. X., Tam C. M. From Voluntarism to Regulation: A Study on Ownership, Economic Performance and Corporate Environmental Information Disclosure in China [J]. Journal of Business Ethics, 2013b, 116 (1): 217 –232.

[186] Saeidi S. P., Sofian S., Saeidi P., et al. How Does Corporate Social Responsibility Contribute to Firm Financial Performance? The Mediating Role of Competitive Advantage, Reputation, and Customer Satisfaction [J]. Journal of Business Research, 2015, 68 (2): 341 –350.

[187] Flammer C. Does Corporate Social Responsibility Lead to Superior Financial Performance? A Regression Discontinuity Approach [J]. Management Science, 2015, 61 (11): 2549 –2568.

[188] Buhr N., Freedman M. Culture, Institutional Factors and

Differences in Environmental Disclosure between Canada and the United States [J]. Critical Perspectives on Accounting, 2001, 12 (3): 293 – 322.

[189] Halme M., Huse M. The Influence of Corporate Governance, Industry and Country Factors on Environmental Reporting [J]. Scandinavian Journal of Management, 1997, 13 (2): 137 – 157.

[190] Neu D., Warsame H., Pedwell K. Managing Public Impressions: Environmental Disclosures in Annual Reports [J]. Accounting, Organizations and Society, 1998, 23 (3): 265 – 282.

[191] Gao S. S., Heravi S., Xiao J. Z. Determinants of Corporate Social and Environmental Reporting in Hong Kong: A Research Note [J]. Accounting Forum, 2005, 29 (2): 233 – 242.

[192] Cho C. H., Patten D. M. The Role of Environmental Disclosures as Tools of Legitimacy: A Research Note [J]. Accounting, Organizations and Society, 2007, 32 (7): 639 – 647.

[193] de Villiers C., Van Staden C. J. Where Firms Choose to Disclose Voluntary Environmental Information [J]. Journal of Accounting and Public Policy, 2011, 30 (6): 504 – 525.

[194] Hughes S. B., Anderson A., Golden S. Corporate Environmental Disclosures: Are They Useful in Determining Environmental Performance? [J]. Journal of Accounting and Public Policy, 2001, 20 (3): 217 – 240.

[195] Aerts W., Cormier D., Magnan M. Corporate Environmental Disclosure, Financial Markets and the Media: An International Perspective [J]. Ecological Economics, 2008, 64 (3):

643 – 659.

[196] Ni A. , Van Wart M. Corporate Social Responsibility: Doing Well and Doing Good. Building Business-government Relations [J]. Routledge, 2015: 175 – 196.

[197] Lins K. V. , Servaes H. , Tamayo A. Social Capital, Trust, and Firm Performance: The Value of Corporate Social Responsibility During the Financial Crisis [J]. The Journal of Finance, 2017, 72 (4): 1785 – 1824.

[198] Cheng B. , Ioannou I. , Serafeim G. Corporate Social Responsibility and Access to Finance [J]. Strategic Management Journal, 2014, 35 (1): 1 – 23.

[199] Clarkson P. M. , Li Y. , Richardson G. D. , et al. Revisiting the Relation between Environmental Performance and Environmental Disclosure: An Empirical Analysis [J]. Accounting, Organizations and Society, 2008, 33 (4): 303 – 327.

[200] Al-Tuwaijri S. A. , Christensen T. E. , Hughes K. E. The Relations among Environmental Disclosure, Environmental Performance, and Economic Performance: A Simultaneous Equations Approach [J]. Accounting, Organizations and Society, 2004, 29 (5): 447 – 471.

[201] Iatridis G. E. Environmental Disclosure Quality: Evidence on Environmental Performance, Corporate Governance and Value Relevance [J]. Emerging Markets Review, 2013, 14: 55 – 75.

[202] Patten D. M. The Relation between Environmental Performance and Environmental Disclosure: A Research Note [J]. Accounting, Organizations and Society, 2002, 27 (8): 763 – 773.

[203] Patten D. M. The Accuracy of Financial Report Projections of

Future Environmental Capital Expenditures: A Research Note [J]. Accounting, Organizations and Society, 2005, 30 (5): 457 – 468.

[204] Staden C. J., Hooks J. A Comprehensive Comparison of Corporate Environmental Reporting and Responsiveness [J]. The British Accounting Review, 2007, 39 (3): 197 – 210.

[205] Staden C. J., Hooks J. A. Evaluating Environmental Disclosures: The Relationship between Quality and Extent Measures [J]. The British Accounting Review, 2011, 43 (3): 200 – 213.

[206] Freedman M., Jaggi B. Global Warming, Commitment to the Kyoto Protocol, and Accounting Disclosures by the Largest Global Public Firms from Polluting Industries [J]. The International Journal of Accounting, 2005, 40 (3): 215 – 232.

[207] Freedman M., Stagliano A. J. Environmental Disclosures: Electric Utilities and Phase 2 of the Clean Air Act [J]. Critical Perspectives on Accounting, 2008, 19 (4): 466 – 486.

[208] Joseph C., Taplin R. The Measurement of Sustainability Disclosure: Abundance Versus Occurrence. Accounting Forum [J]. Elsevier, 2011, 35 (1): 19 – 31.

[209] Dierkes M., Coppock R. Human Resources Accounting: A tool for Measuring and Monitoring Manpower Utilization in a Business Environment [J]. Measurement of Human Resources, 1975, 4 (1): 307 – 322.

[210] Eng L. L., Mak Y. T. Corporate Governance and Voluntary Disclosure [J]. Journal of Accounting and Public Policy, 2003, 22 (4): 325 – 345.

[211] Gao S. S, Heravi S., Xiao J. Z. Determinants of Corporate

Social and Environmental Reporting in Hong Kong: A Research Note [J]. Accounting Forum. Elsevier, 2005, 29 (2): 233 - 242.

[212] Kim K. H. , Kim M. C. , Qian C. Effects of Corporate Social Responsibility on Corporate Financial Performance: A Competitive-action Perspective [J]. Journal of Management, 2018, 44 (3): 1097 - 1118.

[213] Petrenko O. V. , Aime F, Ridge J, et al. Corporate Social Responsibility or CEO Narcissism? CSR Motivations and Organizational Performance [J]. Strategic Management Journal, 2016, 37 (2): 262 - 279.

[214] Forker J. J. Corporate Governance and Disclosure Quality [J]. Accounting and Business Research, 1992, 22 (86): 111 - 124.

[215] Kang C. , Germann F. , Grewal R. Washing Away Your Sins? Corporate Social Responsibility, Corporate Social Irresponsibility, and Firm Performance [J]. Journal of Marketing, 2016, 80 (2): 59 - 79.

[216] Gong G. , Xu S. , Gong X. On the Value of Corporate Social Responsibility Disclosure: An Empirical Investigation of Corporate Bond Issues in China [J]. Journal of Business Ethics, 2016, 46 (11): 1 - 32.

[217] Florou A. , Kosi U. Does Mandatory IFRS Adoption Facilitate Debt Financing? [J]. Review of Accounting Studies, 2015, 20 (4): 1407 - 1456.

[218] Stiglitz J. E, Weiss A. Credit Rationing in Markets With Imperfect Information [J]. The American Economic Review,

1981, 71 (3): 393 – 410.

[219] Healy P. M., Wahlen J. M. A Review of the Earnings Management Literature and Its Implications for Standard Setting [J]. Accounting Horizons, 1999, 13 (4): 365 – 383.

[220] Sengupta P. Corporate Disclosure Quality and the Cost of Debt [J]. The Accounting Review, 1998, 73 (4): 459 – 474.

[221] Leuz C., Verrecchia R. E. The Economic Consequences of Increased Disclosure [J]. Journal of Accounting Research, 2000, 34 (2): 91 – 124.

[222] Dhaliwal D. S., Li O. Z., Tsang A., et al. Voluntary Nonfinancial Disclosure and the Cost of Equity Capital: The Initiation of Corporate Social Responsibility Reporting [J]. The Accounting Review, 2011, 86 (1): 59 – 100.

[223] Boone A. L., White J. T. The Effect of Institutional Ownership on Firm Transparency and Information Production [J]. Journal of Financial Economics, 2015, 117 (3): 508 – 533.

[224] Goss A., Roberts G. S. The Impact of Corporate Social Responsibility on the Cost of Bank Loans [J]. Journal of Banking & Finance, 2011, 35 (7): 1794 – 1810.

[225] Sharfman M. P., Fernando C. S. Environmental Risk Management and the Cost of Capital [J]. Strategic Management Journal, 2008, 29 (6): 569 – 592.

[226] Huang R., Ritter J. R., Zhang D. Private Equity Firms' Reputational Concerns and the Costs of Debt Financing [J]. Journal of Financial and Quantitative Analysis, 2016, 51 (1): 29 – 54.

[227] Ge W., Liu M. Corporate Social Responsibility and the Cost of

Corporate Bonds [J]. Journal of Accounting and Public Policy, 2015, 34 (6): 597 – 624.

[228] Ashbaugh-Skaife H. , Collins D. W. , LaFond R. The Effects of Corporate Governance on Firms' Credit Ratings [J]. Journal of Accounting and Economics, 2006, 42 (1): 203 – 243.

[229] Cheung Y. L. , Tan W. , Wang W. National Stakeholder Orientation, Corporate Social Responsibility, and Bank Loan Cost [J]. Journal of Business Ethics, 2018, 150 (2): 505 – 524.

[230] Hsu F. J. , Chen Y. C. Is a Firm's Financial Risk Associated with Corporate Social Responsibility? [J]. Management Decision, 2015, 53 (9): 2175 – 2199.

[231] Oikonomou I. , Brooks C. , Pavelin S. The Effects of Corporate Social Performance on the Cost of Corporate Debt and Credit Ratings [J]. Financial Review, 2014, 49 (1): 49 – 75.

[232] Stellner C. , Klein C. , Zwergel B. Corporate Social Responsibility and Eurozone Corporate Bonds: The Moderating Role of Country Sustainability [J]. Journal of Banking Finance, 2015, 59 (11): 538 – 549.

[233] Heckman J. J. Statistical Models for Discrete Panel Data [M]. Chicago, IL: Department of Economics and Graduate School of Business Press, 1979, 77 – 78.

[234] Dhaliwal D. , Judd J. S. , Serfling M. , et al. Customer Concentration Risk and the Cost of Equity Capital [J]. Journal of Accounting and Economics, 2016, 61 (1): 23 – 48.

[235] Xueyun Z. , Lina W. , Xue W. The Work Performance Activities and Potential Performance of Audit Committees of Chinese Listed Corporations [J]. Journal of Finance and Economics,

2016: 132 – 144.

[236] Francis J. , LaFond R. , Olsson P. , et al. The Market Pricing of Accruals Quality [J]. Journal of Accounting and Economics, 2005, 39 (2): 295 – 327.

[237] Wang D. Founding Family Ownership and Earnings Quality [J]. Journal of Accounting Research, 2006, 44 (3): 619 – 656.

[238] García-Teruel P. J. , Martínez-Solano P. , Sánchez-Ballesta J. P. The Role of Accruals Quality in the Access to Bank Debt [J]. Journal of Banking & Finance, 2014, 38: 186 – 193.

[239] Bhandari A. , Javakhadze D. Corporate Social Responsibility and Capital Allocation Efficiency [J]. Journal of Corporate Finance, 2017, 43: 354 – 377.

[240] Brandt L. , Zhu X. China's Banking Sector and Economic Growth. China's Financial Transition at a Crossroads, 2007: 86 – 136.

[241] Aivazian V. A. , Ge Y. , Qiu J. Debt Maturity Structure and Firm Investment [J]. Financial Management, 2005, 34 (4): 107 – 119.

[242] Cull R. , Xu L. C. Institutions, Ownership, and Finance: The Determinants of Profit Reinvestment Among Chinese Firms [J]. Journal of Financial Economics, 2005, 77 (1): 117 – 146.

[243] La Porta R. , Silanes F. , Shleifer A. Government Ownership of Banks [J]. The Journal of Finance, 2002, 57 (1): 265 – 301.

[244] Faccio M. , Lang L. H. P. The Ultimate Ownership of Western European Corporations [J]. Journal of Financial Economics, 2002, 65 (3): 365 – 395.

[245] Manasakis C. , Mitrokostas E. , Petrakis E. Strategic Corporate

Social Responsibility Activities and Corporate Governance in Imperfectly Competitive Markets [J]. Managerial and Decision Economics, 2014, 35 (7): 460 – 473.

[246] Baginski S. P. , Rakow K. C. Management Earnings Forecast Disclosure Policy and the Cost of Equity Capital [J]. Review of Accounting Studies, 2012, 17 (2): 279 – 321.

[247] Zhang J. The Contracting Benefits of Accounting Conservatism to Lenders and Borrowers [J]. Journal of Accounting and Economics, 2008, 45 (1): 27 – 54.

[248] Qi Y. , Roth L. , Wald J. K. Political Rights and the Cost of Debt [J]. Journal of Financial Economics, 2010, 95 (2): 202 – 226.

[249] Qi C. Z. , Subramanyam K. R. , Zhang J. Accrual Quality, Bond Liquidity, and Cost of Debt [EB]. https: //msbfile03. usc. edu/digitalmeasures/jieying/intellcont/qsz20100827 – 1. pdf, 2010 – 08 – 27.

[250] La Rosa F. , Liberatore G. , Mazzi F. , et al. The Impact of Corporate Social Performance on the Cost of Debt and Access to Debt Financing for Listed European Non-financial Firms [J]. European Management Journal, 2018, 36 (4): 519 – 529.

[251] Xu S, Liu D. , Huang J. Corporate Social Responsibility, the Cost of Equity Capital and Ownership Structure: An Analysis of Chinese Listed Firms [J]. Australian Journal of Management, 2015, 40 (2): 245 – 276.

[252] Nikolaev V. , Van Lent L. The Endogeneity Bias in the Relation Between Cost-of-debt Capital and Corporate Disclosure Policy [J]. European Accounting Review, 2005, 14 (4):

677 – 724.

[253] Sunder J. , Sunder S. V. , Zhang J. Balance Sheet Conservatism and Debt Contracting [J]. Contemporary Accounting Research, 2018, 35 (1): 494 – 524.

[254] Platonova E. , Asutay M. , Dixon R, et al. The Impact of Corporate Social Responsibility Disclosure on Financial Performance: Evidence from the GCC Islamic Banking Sector [J]. Journal of Business Ethics, 2018, 151 (2): 451 – 471.

[255] Easley D. , O'hara M. Information and the Cost of Capital [J]. The Journal of Finance, 2004, 59 (4): 1553 – 1583.

[256] Bhojraj S. , Sengupta P. Effect of Corporate Governance on Bond Ratings and Yields: The Role of Institutional Investors and Outside Directors [J]. The Journal of Business, 2003, 76 (3): 455 – 475.

[257] Qian J. , Strahan P. E. How Laws and Institutions Shape Financial Contracts: The Case of Bank Loans [J]. The Journal of Finance, 2007, 62 (6): 2803 – 2834.

[258] Zhang M. , Gong G. , Xu S. , et al. Corporate Fraud and Corporate Bond Costs: Evidence from China [J]. Emerging Markets Finance and Trade, 2018, 54 (5): 1011 – 1046.

[259] Simunic D. A. The Pricing of Audit Services: Theory and Evidence [J]. Journal of Accounting Research, 1980, 4 (3): 161 – 190.

[260] Chen Q. , Kelly K. , Salterio S. E. Do Changes in Audit Actions and Attitudes Consistent with Increased Auditor Scepticism Deter Aggressive Earnings Management? An Experimental Investigation [J]. Accounting, Organizations and Society,

2012, 37 (2): 95 – 115.

[261] Gotti G. , Han S. , Higgs J. L. , et al. Managerial Stock Ownership, Analyst Coverage, and Audit Fee [J]. Journal of Accounting, Auditing & Finance, 2012, 27 (3): 412 – 437.

[262] Chaney P. K. , Philipich K. L. Shredded Reputation: The Cost of Audit Failure [J]. Journal of Accounting Research, 2002, 40 (4): 1221 – 1245.

[263] Friend I. , Lang L. H. P. An Empirical Test of the Impact of Managerial Self-interest on Corporate Capital Structure [J]. The Journal of Finance, 1988, 43 (2): 271 – 281.

[264] Egger P. , Pfaffermayr M. The Proper Panel Econometric Specification of the Gravity Equation: A Three-way Model with Bilateral Interaction Effects [J]. Empirical Economics, 2003, 28 (3): 571 – 580.

[265] Francis J. R. The Effect of Audit Firm Size on Audit Prices: A Study of the Australian Market [J]. Journal of Accounting and Economics, 1984, 6 (2): 133 – 151.

[266] Gul F. A. Audit Prices, Product Differentiation and Economic Equilibrium. Auditing [J]: A Journal of Practice & Theory, 1999, 18 (1): 90 – 100.

[267] Luther R. G. , Matatko J. , Corner D. C. The Investment Performance of UK "Ethical" Unit Trusts [J]. Accounting, Auditing & Accountability Journal, 1992, 5 (4): 79 – 91.

[268] Adhikari A. , Derashid C. , Zhang H. Public Policy, Political Connections, and Effective Tax Rates: Longitudinal Evidence from Malaysia [J]. Journal of Accounting and Public Policy, 2006, 25 (5): 574 – 595.

[269] Gupta S. , Newberry K. Determinants of the Variability in Corporate Effective Tax Rates: Evidence from Longitudinal Data [J]. Journal of Accounting and Public Policy, 1997, 16 (1): 1 - 34.

[270] Kern B. B. , Morris M. H. Taxes and Firm Size: The Effect of Tax Legislation During the 1980s [J]. The Journal of the American Taxation Association, 1992, 14 (1): 80.

[271] Kim K. A. , Limpaphayom P. , Taxes and Firm Size in Pacific-Basin Emerging Economies [J]. Journal of International Accounting, Auditing and Taxation, 1998, 7 (1): 47 - 68.

[272] Shevlin T. , Porter S. "The Corporate Tax Comeback in 1987" Some Further Evidence [J]. The Journal of the American Taxation Association, 1992, 14 (1): 58.

[273] Stickney C. P. , McGee V. E. Effective Corporate Tax Rates the Effect of Size, Capital Intensity, Leverage, and Other Factors [J]. Journal of Accounting and Public Policy, 1982, 1 (2): 125 - 152.

[274] Derashid C. , Zhang H. Effective Tax Rates and the "Industrial Policy" Hypothesis: Evidence from Malaysia [J]. Journal of International Accounting, Auditing and Taxation, 2003, 12 (1): 45 - 62.

[275] Ruding O. European Union: The Long Way to Removing Obstacles in Company Taxation in Europe [J]. European Taxation, 2002, 42 (1): 3 - 6.

[276] Munongo S. , Akanbi O. A. , Robinson Z. Do Tax Incentives Matter for Investment? A Literature Review [J]. Business and Economic Horizons, 2017, 13 (2): 152 - 168.

[277] Devereux M. P. , Griffith R, Klemm A. Corporate Income Tax Reforms and International Tax Competition [J]. Economic Policy, 2002, 17 (35): 449 – 495.

[278] Rork J. C. Coveting thy Neighbors' Taxation [J]. National Tax Journal, 2003, 56 (4): 775 – 787.

[279] Egger P. , Pfaffermay M. , Winner H. An Unbalanced Spatial Panel Data Approach to US State Tax Competition [J]. Economics Letters, 2005, 88 (3): 329 – 335.

[280] Laguir I. , Staglianò R. , Elbaz J. Does Corporate Social Responsibility Affect Corporate Tax Aggressiveness? [J]. Journal of Cleaner Production, 2015, 107 (5): 662 – 675.

[281] Qian C. Property Rights an Government Ownership of Firmo [J]. The Quarterly Journal of Economics, 1998, 113 (5): 467 – 487.

[282] Lanis R. , Richardson G. Is Corporate Social Responsibility Performance Associated with Tax Avoidance? [J]. Journal of Business Ethics, 2015, 127 (2): 439 – 457.

[283] Kim C. F. , Zhang L. Corporate Political Connections and Tax Aggressiveness [J]. Contemporary Accounting Research, 2016, 33 (1): 78 – 114.

[284] Muller A, , Kolk A. Responsible Tax as Corporate Social Responsibility: The Case of Multinational Enterprises and Effective Tax in India [J]. Business Society, 2015, 54 (4): 435 – 463.

[285] Watson L. Corporate Social Responsibility, Tax Avoidance and Earnings Performance [J]. The Journal of the American Taxation Association, 2015, 37 (2): 1 – 21.

［286］ Wu L. , Wang Y. , Lin B. X. , et al. Local Tax Rebates, Cor-
porate Tax Burdens, and Firm Migration: Evidence from China
［J］. Journal of Accounting and Public Policy, 2007, 26 (5):
555 – 583.

后　记

　　本书的主体内容已完工多时，但唯独"致谢"我却迟迟不愿动笔。很久以前，我特别憧憬写致谢，因为写致谢意味着博士快要毕业了，这该是多么兴奋的一件事，但当我真的要写致谢时，却发现内心更多的是平静。23 岁入读博士，而今已到而立之年，8 年时光里，我从一个懵懂的少女成长为一位妻子和母亲，但是在读博士生的身份却始终未曾改变。坦白地说，博士毕业曾经像是我身上的一根刺，多么地想要尽快拔掉它，可我从没想过这一拔就是 8 年，这中间有过跌倒后再爬起，有过擦干眼泪继续写，有过灰心想要放弃，但感恩的是，这一路我有同路人与我同行，鼓励和支持着我前行。

　　感谢我的博士生导师龚光明教授。老师学术特别严谨，记得我论文刚刚开题时，老师认为实地调研对我拓宽论文思路会有帮助，于是老师和师母开着自己的车带我去外地企业实地观摩，帮助我更好地了解环境管理会计实践。读博的 8 年，我的老师白天需要处理繁忙的工作，但是几乎每天晚上都会在办公室阅读前沿的会计文献，当他读到与我论文相关的文献，会立刻发邮件给我，要我尽快阅读、学习。我们同门间，有个约定俗成的习惯，只要有新的思路、新的想法，晚上就去办公室找老师讨论。历经无数次的讨论、修正，才有了我今天的博士论文雏形。师母李晚金副教授，于我"亦母亦友"，生活上像母亲一样照顾着我和我的家，心灵上像朋友一样疏导我、倾听我，真心感激老师和师母多年来对我的接纳和帮助。

衷心感谢在百忙之中抽出宝贵时间参与我答辩的校外专家——长江学者武汉大学李青原教授和中南大学肖序教授。感谢湖南大学研究生院和工商管理学院众多老师的指导，向杨智教授、雷辉教授、徐莉萍教授、丁方飞教授、曾志坚副教授、朱焱副教授、陈艳副院长和高瞻老师等表示最真挚的敬意。感谢陈小沙老师、杨航老师和李斐老师多年来给予我的关心和帮助。感谢我的硕士导师陈共荣教授，他在我读博期间依然一如既往地关心着我的学业和生活，鼓励我坚持并尽全力将博士学业完成。这些年中，我遇到的每一位老师，都对我充满了善意和理解，感恩敬爱的老师们。

感谢我的同门徐思博士、陈洁博士、陈若华博士、单虹博士、龙立博士、李昀颖博士、王延彦博士、雷振博士、黄馨博士对我的关爱，和你们的相处是我博士生涯中的快乐时光，谢谢你们曾经的陪伴。感谢龚勖博士对论文写作的帮助。感谢肖亮师弟、陈地强师弟以及办公室104的所有师弟师妹们。感谢博士同学刘俊博士、陈静博士，谢谢你们常常回校来看我，请我吃饭。感谢挚友李珏博士、王佳佳博士、申子杰博士、彭叠峰博士、谭虎博士，学术路上，有你们同行，真好。我真心地庆幸在湖南大学的10年时光里，遇到了众位好老师和好朋友，你们的鼓励和关心都曾给了我莫大的勇气，帮助我走到了今天。

感谢我最亲爱的家人。特别要将此文献给我的爷爷。最近常常梦到爷爷，梦到小时候爷爷接我下学，给我买馅饼吃。我的爷爷身体一向很硬朗，但是突然一天早上就安然离开了，爷爷没有等到我拿博士学位证书给他看。我依旧清晰地记得，爷爷去世当晚，全家人从天南海北赶回老家坐在一起讨论的竟然是我博士毕业问题。因为爷爷最放心不下的就是我，我的博士毕业早已成为我大家庭里的大事。每每想起这些，不禁泪目。亲爱的家人们，感谢你们多年来对我物质上和精神上绝对的支持，感谢你们。

　　最后请允许我再喃喃自语几句。我真心感谢生命中有一段读博经历，它不仅增添了我的学识，更造就了我的品格。有话说"人在幼年负轭，这原是好的"，的确如此，8 年博士求学路，虽有很多不易，但带给我成长与收获，使我变得谦卑和坚强，这真是与我有益处。落笔至此，既是结束又是开始，未来走出校园，唯愿自己心意更新而变化，在新的禾场竭力做工。

张旻

2019 年 7 月